제1교시

2026학년도 법학적성시험 대비 LEET 모의고사(제1회)

언 어 이 해

| 성 명 | | 수험 번호 | | | | | |

《수험생 유의사항》

- 이 문제지는 40문항으로 구성되어 있습니다.
- **시험 시간은 10:45 ~ 12:50(125분)입니다.**
- 문제지에 성명과 수험 번호를 정확하게 기재하십시오.
- 답안지는 반드시 컴퓨터용 사인펜을 사용하여 답을 표기하여야 합니다.
- 교시란은 해당 교시를 정확하게 표기해야 합니다.

《정답공개 및 이의제기 안내》

1. 정답·해설지 배부 및 최종정답 공개
   - 16일 2교시 종료 후 1·2교시 정답 및 해설지 배부
   - 최종정답: 3월 19일(수) 네이버 법률저널 LEET 카페에 공지
2. 이의제기 안내
   - 본 시험 종료 후 네이버 법률저널 LEET 카페(cafe.naver.com/lecleet)에서 '이의제기 신청 게시판'에 양식에 맞춰 제출해 주세요.
   - 이의제기 기간: 3월 17일(월) 오후 2시까지
3. 성적확인 안내
   - 각 영역별 성적통계는 3월 21일(금) 네이버 법률저널 LEET 카페에 공지
   - 개인 성적은 3월 20일(목) 오후 5시 이후 네이버 법률저널 LEET 카페 〉모의고사 신청 배너 클릭〉성적확인 클릭
4. LEET 모의고사 일정
   - 제2회 : 2025.4.6. 제3회 : 2025.5.11. 제4회 : 2025.6.7. 제5회 : 2025.6.21.
     제6회 : 2025.6.28. 제7회 : 2025.7.5. 제8회 : 2025.7.12. (※ 음영은 시대인재 출제)
5. 매회 격려장학금 지급 / 성적 우수 장학생 – 제4회~제8회차 모두 현장 응시한 시험(논술제외)의 표준점수 성적순으로 산정

법률저널 x 시대인재
(출제기관 : 법률저널)

2026학년도 법학적성시험
언어이해

제1교시

짝수형

- 이 문제지는 30문항으로 구성되어 있습니다. 문항 수를 확인하십시오.
- 문제지의 해당란에 성명과 수험 번호를 정확히 쓰십시오.
- 답안지에 수험번호, 문제유형, 성명, 답을 표기할 때에는 '답안 작성 시 반드시 지켜야 하는 사항'에 따라 표기하십시오.
- 답안지의 '필적확인란'에 해당 문구를 정자로 기재하십시오.

[1~3] 다음 글을 읽고 물음에 답하시오.

낙태 시술에 관한 의료인의 양심적 거부권은 의료인에게 낙태 시술에 참여해야 하는 법적 의무가 존재하나, 해당 직종에 종사하는 자가 개인의 진지한 신념을 이유로 이를 거부하여, 실정법과 양심적 거부권 사이의 충돌이 발생할 때 문제가 된다. 특히 낙태 시술은 전문의료인의 관여가 없으면 임신한 여성에게 심각한 건강 및 위생상 위해를 끼칠 수 있을 가능성이 크기 때문에 논란이 되고 있다.

의료법 제15조 제1항에 따르면 의료인이나 의료인 개설자는 정당한 사유 없이 진료를 거부할 수 없고, 이를 위반할 경우 제89조에 따라 1년 이하의 징역이나 1천만원 이하의 벌금에 처한다고 명시하고 있다. 또한, 이러한 의료법의 적용을 받는 의료행위에 대해 대법원은 의학적 전문지식을 기초로 하는 경험과 기능으로 진찰, 검안, 처방, 투약 또는 외과적 시술을 통한 질병의 예방 또는 치료행위 및 그 밖에 의료인이 행하지 않으면 보건위생상 위해가 생길 우려가 있는 행위로 판시한 바 있다.

그러나 의료법에서는 정당한 사유가 있을 경우 진료 거부에 대한 법적 책임이 부과되지 않을 수 있다는 점은 언급하고 있으나, 정확히 어떠한 경우 이러한 요건에 해당하는지에 대해서는 구체적인 규정이 없어, 낙태에 대한 양심적 거부가 의료인의 정당한 권리로 인정되어야 하는지에 대해 학설이 대립한다.

낙태에 대한 양심적 거부권을 인정해서는 안 된다는 부정설 중에는 양심적 기본권의 인정 여부를 서로 다른 개인 사이의 기본권 충돌 문제로 보아 의료인의 주관적인 믿음보다 임신한 여성의 자기결정권 및 생명과 건강에 대한 보호가 더 우선되어야 한다는 ㉠주장이 있다. 의료인의 양심적 거부권을 제한적으로라도 허용한다면 낙태를 원하는 여성들에게 불필요한 부담을 가하기에 환자의 진료 받을 권리 및 자기결정권에 대한 침해가 발생하며, 특히 낙태 시술의 경우 임신이 진행될수록 산모에게 가해지는 부담이 더욱 증대된다는 점을 고려할 때, 시술이 지체될수록 여성의 안전에 대한 위험은 그만큼 커진다는 점을 고려해야 한다고 본다.

낙태에 대한 양심적 거부권을 부정하는 또 하나의 ㉡주장은 민주적으로 당선된 입법기관에 의하여 합법적으로 제정된 법률상의 의무를 개인의 신념을 이유로 거부할 수 있게 하는 것은 원칙적으로 바람직하지 않기에 양심적 거부권은 최소한의 범위에서만 인정해야 한다는 전제에서 출발한다. 따라서 국민의 건강을 위한 국가적 보건의료시스템의 구축과 필요한 의료 서비스 제공이라는 중요한 공익과 지극히 사적이고 주관적인 영역에 속하는 양심적 거부권을 비교형량할 경우, 낙태에 대한 의료인 개인의 양심적 거부권을 인정하지 않더라도 헌법상 정당화될 수 있음을 내세우고 있다.

반면, 의료인의 낙태 시술 거부권에 대한 긍정설은 의료법 등의 정당한 사유 인정 여부에 개인의 진지한 신념에 반하는 행위를 거부하는 것이 당연히 포함되어야 한다고 보며, 설사 관련 법령에 별도의 규정이 없더라도 의료인 또한 양심의 자유의 주체인 이상 양심적 거부권을 인정해야 한다고 ㉢주장한다. 대법원은 양심에 따른 병역의무 이행의 거부와 관련하여 "국가가 개인에게 양심에 반하는 작위의무를 부과하고 그 불이행에 대하여 형사처벌 등 제재를 함으로써 의무의 이행을 강제하는 경우"에 일방적인 형사처벌만으로는 규범의 충돌 문제를 해결할 수 없다고 설시하면서, "일방적 형사처벌은 양심의 자유를 비롯한 헌법상의 기본권 보장 체계와 전체 법질서에 비추어 타당하지 않을 뿐만 아니라 소수자에 대한 관용과 포용이라는 자유민주주의 정신에 반한다"고 판시하였다. 대법원의 판결 취지에 따른다면 내면에서 비롯된 진지한 신념에 따른 진료거부의 경우, 의료법 제15조 소정의 진료를 거부할 정당한 사유로 보아야 한다는 것이다. 그리고 긍정설은 무엇보다 종교나 진지한 신념으로 인해 낙태를 거부하는 의료인에게 이를 강제하는 것은 양심의 자유에 대한 본질적인 침해라는 점을 주장한다.

1. 윗글과 내용과 일치하지 않는 것은?

① 현행 의료법은 제15조의 정당한 사유에 해당하는 구체적인 예시를 명시하고는 있지 않다.
② 의료법상 의료행위는 질병의 예방 또는 치료행위에 한정되지 않는다.
③ 낙태 시술에 관한 의료인의 양심적 거부권 논쟁은 현행 의료법 하에서 의료인에게 낙태 시술에 참여해야 하는 법적 의무를 명시하지 않은 점에서 기인한다.
④ 대법원은 개인의 신념에 반하는 작위의무에 대한 불이행 문제를 형사처벌만으로는 근본적으로 해결할 수 없다고 본다.
⑤ 현행 법령 체계상 정당한 사유가 없는 의료거부행위에 대해서는 형사처벌이 이루어진다.

2. 윗글에서 추론한 내용으로 적절하지 않은 것은?

① ㉠은 개개인의 신념을 생명이 직결된 것보다 우선시해서는 안 된다고 볼 것이다.
② ㉠은 낙태 시술에 관한 의료인의 양심적 거부권이 인정될 경우 임신 여성의 안전에 대한 위험이 커진다고 볼 것이다.
③ ㉡은 공공의 필요에 따라 개인의 권리는 제한될 수 있다는 것을 전제로 도출되었을 것이다.
④ ㉡에 동의하는 사람은, 의료법 제89조 형사처벌 조항이 헌법상의 기본권 보장체계 및 전체 법질서에 부합하지 않는다는 의견에 동의하지 않을 것이다.
⑤ 개인의 기본권은 법령에 명시됨으로써 보장받을 수 있다고 보는 사람은, ㉢에 찬성할 것이다.

3. 윗글을 바탕으로 <보기>를 이해할 때, 적절한 것만을 있는 대로 고른 것은?

<보 기>

각국의 자료에 비추어 보아 양심적 거부로 인해 낙태 및 낙태 치료에 대한 시기적절한 접근이 지연될 수 있다는 점이 확인되고 있다. 의료 종사자들이 낙태를 반대하는 비율이 높을수록 필요한 치료의 지연은 더욱 자주 확인되며, 심지어 여성의 생명을 구하기 위해 낙태가 필요한 긴급 상황에서조차 그러하다. 더 나아가 양심적 거부가 낙태 관련 질병률과 사망률을 증가시키는 데 기여하고 있다는 점들이 입증되고 있으며, 심지어 일부 의료 종사자들은 양심적 거부를 주장하며 공공 부문에서 낙태를 거부하였음에도 사적 영역에서의 진료에서는 비용을 받고 낙태를 제공하고 있다는 사실도 발견되었다.
-WHO 임신중절지침서-

ㄱ. ㉠은 <보기>에 나타난 사례들이 의료인의 양심적 거부권을 제한적으로라도 허용해서는 안 된다는 것을 보여준다고 평가하겠군.
ㄴ. ㉡은 각 국가가 최소한의 양심적 거부권 행사도 인정하지 않은 것이 <보기>에 나타난 문제의 원인이라고 평가하겠군.
ㄷ. ㉢은 <보기>에 나타난 '일부 의료 종사자'들의 행동은 양심의 자유에 근거한 것이므로, 처벌해서는 안 된다고 평가하겠군.

① ㄱ
② ㄴ
③ ㄱ, ㄷ
④ ㄴ, ㄷ
⑤ ㄱ, ㄴ, ㄷ

[4~6] 다음 글을 읽고 물음에 답하시오.

법의 일관성 확보를 위하여 제시될 수 있는 개념적 수단은 무엇일까? 이에 대해 드워킨은 법원칙 개념으로 법적 안정성을 확보할 수 있다고 주장하였다.

드워킨은 법규칙과 법원칙이라는 개념을 사용하는데, 법규칙은 특정 상황에서 반드시 적용되거나 적용되지 않는 이분법적 성격을 가진다. 예를 들어, "운전자는 제한 속도를 초과해서는 안 된다"라는 규칙은 위반 여부를 명확히 판단할 수 있으며, 충돌이 발생한 경우 우선순위에 따라 하나의 규칙이 다른 규칙을 무효화한다. 반면, 법원칙은 법적 판단에서 고려해야 할 가치나 기준으로, 법규칙과는 달리 상황에 따라 상대적인 비중을 가지고 적용된다. 그는 법규칙에 가치를 부여하기 위해서는 일정한 원칙을 근거로 제시해야 한다는 점을 들며 법원칙의 의의를 강조했다. 이처럼 그에게 법은 정형화되어 상대적으로 고정된 의미를 가지는 법규칙뿐만 아니라 원칙으로도 존재할 수 있는 것이다.

또한, 그는 일반적으로 재량하에 놓인 것으로 보았던 영역 또한 법원칙을 기초로 통제를 받아야 한다고 주장했다. 재량은 법판단자의 무한대의 자유가 행사되도록 허용되는 영역이 아니라 정의, 합리성, 공정성, 효과성 등의 제약을 받는 영역이라고 보았다. 특히 난해한 사건에 있어서 법관의 재량을 통제할 원칙, 권리, 의무 등은 객관적인 형태로 존재해야 한다.

그리고 그는 법적 기준 변경이나 유지에 있어 원칙의 가치를 강조하였다. 대표적으로 자신의 할아버지를 살해한 손자가 상속을 할 수 있는지가 쟁점이 된 ⓐ리그스 판결을 예로 들었다. 리그스 판결에서 주 법원은 비록 당시의 상속법에 따르면 할아버지를 살해한 손자 또한 유언에 따라 죽은 할아버지의 재산을 상속할 수 있음에도, 코먼로(Common Law)에 내재한 "누구도 자신의 부정한 행위로부터 이익을 얻을 수 없다"는 중요한 원칙 때문에 상속이 불가능하다고 판시했다. 이처럼 판결에서 제시된 결정적 기준은 규칙이 아닌 원칙이다. 그에 따르면, 변화를 가능하게 하는 실체적 원칙이 더 무게감이 있다면 법판단자는 기존의 규칙을 개선해야 한다. 반대로 선례구속의 원칙이나 입법우위의 원칙이 더 무게가 있다면 기존의 규칙은 현상태를 유지하게 된다.

그런데 드워킨은 법원칙이 반드시 특정한 법적 결론을 담보하는 방식으로 작동하지는 않는다는 입장을 취했다. 예를 들어, 앞서 언급한 "자신의 부정한 행위로 이익을 얻지 못한다"는 코먼로의 원칙은 반드시 관철되어야 하는 절대적 효력이 없다. 즉, 법원칙은 특정 사건에 필연적으로 관철되어 특정 결과를 강제하는 것이 아니라 일정한 방향을 제시하는 역할 정도에 그친다. 나아가 하나의 법적 쟁점에는 법원칙이 하나의 의미만을 지니는 것이 아니라 여러 가지 다른 방향의 의미를 제시해줄 수 있다. 또한 특정 법원칙이 일정 사건을 해결하는 데 아무런 역할을 하지 못했다고 하더라도 해당 법원칙은 여전히 유효하다. 왜냐하면 다른 사건에서 해당 원칙이 다시 사용될 수 있는 가능성이 있기 때문이다.

한편, 그는 법의 일관성에 가장 중요한 역할을 맡는 법원칙은 도덕적 지향성을 지녀야 한다고 보았다. 그러나 그는 법원칙은 실존하는 법에 부합하는 형태로 구성되어야 한다고 하며 법원칙과 도덕을 구분하고 있다. 법원칙은 과거에 수립된 일련의 법규칙들에 암시되고 내재되어 있다. 다시 말해, 법원칙은 실정법인 헌법,

법률, 명령, 규칙, 판례법 등에 그 영향력이 투사될 수 있도록 추론되어야 한다. 법원칙은 실정된 법규칙과 같은 수립과정을 거치지는 않지만 법규칙에 부합해야 한다는 의미를 지니므로 단순한 도덕을 넘어 법체계에 편입될 수 있게 된 것이다. 이러한 내재성이나 부합이라는 요소를 만족시키는 법원칙들 중 도덕적 이상에 가장 가까운 것이 선택되어야 한다. 즉, 드워킨은 법규칙의 실정적 정형성과 도덕의 이상적 상태 모두를 법원칙 개념에 포섭하고 있는 것이다. 다만, 드워킨은 법원칙이 법규칙에 부합해야 한다는 법적 실정성이 도덕적 이상과 충돌하는 경우 전자가 우선한다는 입장을 분명히 했다.

4. 윗글과 일치하는 것은?

① 법규칙의 변화와 유지는 법원칙의 상대적 비중 평가를 통해 이루어진다.
② 법원칙을 선택함에 있어 도덕적 이상을 지향하기 위해 법규칙과 부합하지 않을 수 있다.
③ 법관은 난해한 사건에서 법원칙 간의 충돌을 배제하고 하나의 최적의 원칙을 적용한다.
④ 법원칙은 입법의 명시적인 수립 과정을 거쳐 법적 구속력을 지닌다.
⑤ 법원칙은 상황에 따라 적용 여부를 명확히 판단할 수 있는 정형화된 법개념이다.

5. 드워킨의 입장에서 Ⓐ에 대해 평가한 것으로 적절하지 않은 것은?

① 코먼로의 법원칙은 모든 법적 쟁점에서 반드시 적용되어야 하는 것은 아니다.
② 부정 행위로부터 이익을 얻을 수 없다는 법원칙은 도덕적 지향성을 지니고 있다.
③ 코먼로의 법원칙에 의해 법관의 재량이 배제됨에 따라 주 법원은 기존 상속법 규칙에 반하는 판결을 내릴 수 있었다.
④ 손자에게 상속을 허용할 것인지에 대해 법관이 판단을 내리는 과정은 코먼로의 법원칙에 의해 통제되어야 한다.
⑤ 자신의 부정한 행위로 이익을 얻지 못한다는 코먼로의 법원칙을 통해 모든 상속 사안에서 동일한 결론을 내림으로써 일관성을 확보하라는 의미는 아니다.

6. 윗글을 바탕으로 드워킨이 〈보기〉의 내용에 대해 비판할 내용으로 적절하지 않은 것은?

〈보 기〉

법실증주의는 법이 명확하게 규정된 규칙들의 체계라고 본다. 법적 안정성과 예측 가능성을 보장하기 위해 법적 판단은 제정된 법규칙의 문자적 의미에 근거해야 하며, 법관은 법규칙의 공백이나 충돌이 발생할 경우 재량을 통해 결정을 내려야 한다. 또한, 법적 의무는 실정법에서 정당성을 얻으며, 도덕적 기준은 법적 판단과는 별개의 요소로 간주된다. 법원칙은 법적 판단의 보조적 도구일 뿐이며, 이를 도덕적 기준과 결합하면 법적 정당성이 약화될 위험이 있다고 본다.

① 법적 판단은 규칙의 문자적 해석에만 의존할 수 없으며, 법원칙은 법적 판단의 정당성을 확보하기 위한 필수적 기준이다.
② 법적 안정성과 예측 가능성은 중요한 가치이나, 이를 지나치게 우선할 경우 법적 판단에서 정의나 공정성이 희생될 우려가 있다.
③ 법관의 재량은 단순히 법규칙의 공백을 메우는 도구가 아니라, 법적 판단의 정당성을 강화하기 위해 법원칙과 조화를 이루어야 한다.
④ 법원칙은 도덕적 가치에 따라 실정법을 수정하거나 대체할 수 있는 도구로서, 도덕적 가치를 고려하여 법적 정당성을 강화할 수 있다.
⑤ 법적 의무는 실정법의 규칙에서 도출될 뿐만 아니라, 법원칙을 통해 기존 법규칙을 재해석하여 새로운 의무가 도출될 수 있다.

언어이해

[7~9] 다음 글을 읽고 물음에 답하시오.

사회계약론은 초기부터 사회계약이 논리적으로 체결될 수 없다는 비판을 받아왔다. 이 비판을 이해하기 위해서는 먼저 근대의 사회계약론에서 말하는 '계약'이 무엇인지를 다른 것과의 비교를 통해 확인할 필요가 있다.

계약은 약속의 일종이다. 그렇다면 여타의 약속들과 다른 계약의 특징은 무엇일까? 바로 약속 당사자들 간의 수평적 또는 대칭적 관계이다. 모든 약속에는 상대가 있지만, 상대와의 관계가 대칭적이냐 비대칭적이냐에 따라 약속은 각각 다른 의미를 가진다. 약속은 다시 쌍방적인 것과 일방적인 것으로 구분된다. 대칭적이면서 쌍방적인 약속을 계약이라고 하고, 비대칭적이면서 쌍방적인 약속을 신약, 대칭적이거나 비대칭적이거나 간에 일방적인 약속을 공약이라 부른다.

약속의 구체적인 유형을 위와 같이 구분하면, 근대의 사회계약론이 말하는 계약이 어떤 것인지 분석할 수 있다. 예를 들어, 홉스의 계약이론에서 자주 언급되는 것이 사회계약과 통치계약의 결합이다. 전자가 평등한 사람끼리 하나로 뭉치기로 약속하는 대칭적이면서 쌍방적인 '계약'이라면, 후자는 그 계약을 보증해 줄 통치자(주권자)에게 신민이 복종하기로 약속하는 비대칭적이면서 쌍방적인 '신약'이다. 홉스의 계약이론은 사회계약과 통치계약이 '논리적 순간'에 동시에 발생하도록 구성되어 있다. 홉스는 대칭적 사회계약을 전제하는 이 비대칭적 약속을 '커버넌트'라고 불렀다. 커버넌트의 비대칭성은 일차적으로 약속의 당사자 간 지위가 불평등한 데에서 비롯한다. 신민이 먼저 자기의 권리를 내려놓고 복종해야 주권이 성립할 수 있고, 그래야 주권자가 신민의 안전을 보장해줄 수 있다.

한편, 공약에서 중요한 것은 상대의 약속 이행을 전제 조건으로 요구하지 않는다는 점이다. 어른이 아이에게, 선거에 나선 정치인이 유권자에게 하는 것과 같은 일방적 약속이다. 그저 스스로 지키겠다고 약속하는 것이다. 그러나 이것 역시 도덕적 의무를 발생시킨다. 그래서 일방적 약속이었더라도 사람들은 약속을 지키지 않았을 때 스스로 부끄러워한다. 그러나 모든 사람이 부끄러워하지는 않기 때문에 일방적 약속의 구속력은 제한적이다.

위와 같이 계약과 신약, 공약을 구분해서 보면, 17~18세기에 유럽에서 등장한 사회계약론이 정치적으로 가진 근대적 성격이 잘 드러난다. 전근대 세계에서는 특히 통치와 관련해 대칭적 약속 관념이 적용되기 어려웠다. 통치자와 피치자가 대칭적으로 계약을 맺는다는 발상 자체가 허용될 수 없었기 때문이다. 기껏해야 '상호 의무'라는 생각이 있었을 뿐이다. 그러나 상업적 인간관계가 확산하고 급기야 상인이 사회의 주류 세력이 되자 그들에게 익숙한 대칭적 계약 관념이 통치의 영역에까지 적용되기에 이르렀다. 그러나 문제는 수평적으로 체결되는 계약이 그것을 지키도록 강제하는 계약 외의 다른 요소를 필요로 한다는 것이다. 다른 사람의 약속 이행이 전제되지 않는 한, 먼저 약속을 이행하는 것은 상업적 관점에서 봤을 때 비합리적이기 때문이다. 이처럼 사회계약은 근대 초기에 등장할 때부터 그 체결 가능성이 의심되었다.

그리고 사회 계약의 체결 불가능성 문제는 사회계약이 인간에게 요구하는 '능력'과도 관련된다. 이는 오늘날 우리가 직면하고 있는 일국적이면서도 지구적인 문제들을 해결하기 위해 사회계약이 지구적 차원에서 개인들 간에 또는 사회들 간에 체결될 수 있는 지와 관련해 중요한 쟁점을 제기한다. 사회계약론의 여러 가지 이론적 쟁점 가운데 하나는 계약 체결에 참여하는 개인의 동의 능력이다. 홉스의 사회계약 관념에서 개인에게 요구되는 동의 능력이란 기껏해야 당장 비참하게 죽기보다 비록 덜 자유롭더라도 주권자의 지배에 복종하며 생존하기를 선택하는 '차악선택의 합리성'이다. 즉 홉스의 이론에서 계약은 최소한의 목적, 즉 생명의 보존을 위해 체결되고 계약은 바로 그 목적과 관련해 불안과 공포를 느끼는 사람을 포괄한다. 그래서 홉스는 순교를 각오하는 사람이나 광신자와 같이 죽음을 두려워하지 않는 사람은 복종시킬 방법이 없으므로 계약의 바깥에 있고, 주권의 확립을 위해서는 사람들이 무엇보다도 죽음을 두려워해야 한다고 생각했다.

한편, 오늘날 지구는 서로 다른 발전 수준에 있는 세계들로, 즉 전근대적 세계와 근대적 세계, 탈근대적 세계로 나누어져 있어서, 각각의 세계에서 사람들이 인식하는 지구의 위험이 다르다. 지구적으로도 일국적으로도 발전이 불균등하게 이루어져 있어서, 설령 위험 자체가 보편적 성격을 가지더라도, 그 위험이 현실이 될 때 불평등하게 분배될 뿐만 아니라, 실제로 더 많이 위험에 노출되는 곳에서도 여전히 위험의 인식은 개인의 처지에 따라 다르다. 따라서 ⓐ오늘날 사회계약이 지구적으로나 일국적으로나 홉스적 논리에 따라 새롭게 체결되기 어렵다.

7. 윗글과 일치하는 것은?

① 약속의 형태에 따라 약속 상대방의 필요 유무가 달라진다.
② 약속은 그 형태에 관계없이 언제나 상대의 약속을 전제 조건으로 요구한다.
③ 17~18세기 유럽에서는 계약의 형태보다는 신약, 공약 형태의 약속이 많이 등장했다.
④ 자신에게 일방적으로 의무를 부과하는 약속의 형태는 비대칭적이다.
⑤ 공약에서 자신이 약속한 것을 이행하는 것은 상대방이 약속을 지킬 것을 믿기 때문이 아니다.

8. ⓐ의 이유로 가장 적절한 것은?

① 홉스의 이론을 지구적으로 확장할 때, 각 국가별로 순교를 각오하는 사람이나 광신자와 같이 죽음을 두려워하지 않는 사람이 기하급수적으로 증가하기 때문이다.
② 전근대적 세계에 사는 사람들은 대칭적 계약 관념 발상 자체가 허용되지 않아 지구적 위험에 대응하기 위한 세계 여러 국가들의 계약 체결이 어렵기 때문이다.
③ 지구적 위험에 대한 인식이 부족하여 세계 각 국가와 국가의 개인들이 사회계약을 체결해야 할 필요성을 인식하지 못하는 합리성의 부족 상태에 빠지기 때문이다.
④ 지구적 위험을 세계 모든 국가들이 심각하게 느끼는 것은 아니고, 한 국가 내 개인들도 인식하는 위험의 정도가 상이하여 계약 체결을 위한 '공포'가 부족하기 때문이다.
⑤ 여러 국가들의 발전 정도의 차이가 존재하여 각 국가들 간의 신약 형태의 체결이 어렵고, 위험의 정도를 저평가하는 개인들이 계약 체결의 필요성을 인식하지 못하기 때문이다.

9. 윗글을 바탕으로 〈보기〉의 언약 에 대해 추론한 것으로 가장 적절한 것은?

―〈보 기〉―

이스라엘 자손이 애굽 땅을 떠난 지 삼 개월이 되던 날 그들이 시내 광야에 이르니라. 그들이 르비딤을 떠나 시내 광야에 이르러 그 광야에 장막을 치되 이스라엘이 거기 산 앞에 치니라. 모세가 하나님 앞에 올라가니 여호와께서 산에서 그를 불러 말씀하시되 "너는 이같이 야곱의 집에 말하고 이스라엘 자손들에게 말하라. '내가 애굽사람에게 어떻게 행하였음과 내가 어떻게 독수리 날개로 너희를 업어 내게로 인도하였음을 너희가 보았느니라. 세계가 다 내게 속하였나니 너희가 내 말을 잘 듣고 내 언약 을 지키면 너희는 모든 민족 중에서 내 소유가 되겠고 너희가 내게 대하여 제사장 나라가 되며 거룩한 백성이 되리라.' 너는 이 말을 이스라엘 자손에게 전할지니라." 모세가 내려와서 백성의 장로들을 불러 여호와께서 자기에게 명령하신 그 모든 말씀을 그들 앞에 진술하니 백성이 일제히 응답하여 이르되 "여호와 께서 명령하신 대로 우리가 다 행하리이다."
― 『성경, 출애굽기 19:1~8』 ―

① 절대적 존재인 여호와가 이스라엘 백성들에게 특정 내용의 이익을 제공하겠다는 비대칭적인 공약에 해당한다.
② 이스라엘 백성들이 해당 언약에 따른 복종의 의무를 따르는 것은 주권자인 여호와의 약속 이행이 전제된 것으로 상업적 관점에서 볼 때 합리적이다.
③ 이스라엘 백성이 먼저 자신의 권리를 내려놓고 주권자인 여호와에 대한 복종의 의무를 다해야 주권자로부터 안전을 보장받을 수 있는 신약에 해당한다.
④ 해당 언약은 주권자인 여호와의 약속 이행 여부가 핵심인 공약이지만 주권자에게 해당 약속을 이행해야 할 도덕적 의무가 발생한다.
⑤ 언약을 통해 이스라엘 백성들이 자신의 권리를 전적으로 자신들의 공동체에 양도하고, 그 공동체 내에서 주권자의 지위를 보유한다.

[10~12] 다음 글을 읽고 물음에 답하시오.

토양에 있는 물은 식물의 뿌리에 흡수되어 식물의 줄기를 지나 잎을 통해 대기로 이동하는 과정을 거친다. 이처럼 식물의 생장에 있어 물은 필수적이다. 그렇다면, 이러한 물의 이동의 원동력은 무엇일까?

물의 이동을 이해하기 위해서는 수분퍼텐셜이라는 개념을 이해해야 한다. 수분퍼텐셜은 특정 환경 또는 시스템에서 물 분자가 자유롭게 움직일 수 있는 정도를 말한다. 수분퍼텐셜은 그리스 문자인 $Psi(\psi)$로 표시되며 단위로는 주로 메가 파스칼(MPa)을 사용한다. 수분퍼텐셜의 최댓값은 대기압 조건에서의 순수한 물의 수분퍼텐셜인 0이며 대부분의 경우 음의 값을 가지게 된다. 일반적인 물에는 순수한 물에 비하여 불순물이나 용질 입자가 녹아 있게 마련이며 이 입자들이 물 분자를 끌어당겨 물 분자의 이동을 제한하게 되므로 물 분자의 운동이 자유롭지 않게 된다. 따라서 수분의 양이 줄어들수록 수분퍼텐셜은 작아진다.

물은 수분퍼텐셜이 높은 곳에서 낮은 곳으로 이동하며, 이 현상을 삼투라고 부른다. 여기서 삼투압은 용질이 녹아 있는 용액이 물을 흡수하는 힘을 압력으로 표현한 것이다. 삼투압이 높다는 것은 용질 농도가 높아 물을 끌어당기는 힘이 크다는 것을 의미한다. 예를 들어, 세포 주변의 용액이 고장액*이면 세포가 함유한 것보다 높은 농도의 용질을 가진 것이므로 세포 내부에 비교하여 낮은 수분퍼텐셜을 가진다. 세포는 아쿠아포린이라는 물 이동 채널단백질 또는 막 자체를 통한 물의 유입과 유출이 가능하므로 물은 수분퍼텐셜이 더 높은 세포 내부에서 수분퍼텐셜이 더 낮은 세포 외부로 이동한다.

식물에서 수분퍼텐셜은 삼투퍼텐셜(ψs), 압력퍼텐셜(ψp), 중력퍼텐셜(ψg), 기질퍼텐셜(ψm)의 네 가지 요소로 구성되어 있다. 이를 식으로 표현하면, $\psi = \psi s + \psi p + \psi g + \psi m$으로 나타낼 수 있다. 삼투퍼텐셜은 용액에서 용질의 농도에 달려있어, 용질퍼텐셜이라고도 부른다. 용질의 농도가 증가함에 따라 감소하며, 일반적으로 뿌리 세포에는 다량의 용질이 함유되어 있기 때문에 삼투퍼텐셜은 주변 토양에 비하여 매우 낮다. 압력퍼텐셜은 세포가 수분을 흡수함으로써 발생하는 세포막의 팽압을 나타낸다. 팽압은 세포막을 세포벽에 밀어붙이는 힘으로, 세포가 수분을 많이 흡수할수록 팽압이 커지므로 압력퍼텐셜의 값도 커진다. 식물에서는 개체의 단단한 형태와 구조가 유지되어야 하므로 식물 세포는 일반적으로 양의 압력을 유지한다. 한편, 물은 중력에 따라 아래로 이동하며, 이를 역행하여 물을 위로 끌어올리는 힘을 중력퍼텐셜이라고 한다. 이는 항상 음의 값을 가지며, 키가 작은 초본과 수목에서는 의미 있는 차이를 나타내지 않으나, 세쿼이아 나무와 같이 큰 나무에서의 줄기를 통한 물의 이동에서는 수분퍼텐셜에 적지 않은 영향을 줄 수 있다. 기질퍼텐셜은 특정 물질의 표면과 물 분자 입자의 부착력을 반영하는 힘이다. 보통 수분을 포함한 식물에서는 0에 가까운 값을 나타내나, 건조한 조건에서는 기여도가 크며 음의 값을 가진다.

한편, 식물뿌리가 수분을 흡수하기 위해서는 토양 속 수분 함량이 적정 수준이어야 한다. 적정 수준이란 수분이 포화상태이거나 혹은 너무 메마르지 않은 상태를 의미한다. 비가 많이 온 직후 물은 토양의 모든 공간을 차지하여 포화상태에 놓이게 되는데, 수시간 동안 중력에 의하여 배수되는 물인 중력수가 빠져나가면

토양은 모세관수만 가지게 된다. 모세관수란 중력에 저항하여 토양입자와 물분자 간의 부착력에 의해 모세관** 사이에 남아 있는, 식물이 이용할 수 있는 물이다. 토양이 모세관수만을 최대로 보유하고 있을 때 포장용수량에 달해 있다고 하며, 식물이 이용할 수 있는 물을 최대한으로 보유한 상태이다. 이때 토양용액의 수분퍼텐셜은 -0.01MPa 정도이다.

그 후 계속적인 증발작용과 식물의 이용으로 토양수분이 감소하는데, 토양용액의 수분퍼텐셜 변화로 인해 식물은 더 이상 수분을 흡수할 수 없게 되면서 시들기 시작한다. 이때의 토양수분함량을 영구위조점이라 하며, 이때, 대부분 식물의 수분퍼텐셜은 일반적으로 -1.5MPa 정도 되지만, 건조한 사막에서 자라는 건생식물은 훨씬 더 낮은 값을 보인다.

* 고장액: 농도가 다른 용액이 있을 때, 상대적으로 농도가 높은 용액
** 모세관: 작은 토양 입자 사이의 빈 공간이 연속적으로 연결되어 형성된 가느다란 관

10. 윗글에 대한 이해로 가장 적절한 것은?

① 불순물이나 용질 입자가 많을수록 수분퍼텐셜은 0에 가깝다.
② 식물 세포의 압력퍼텐셜은 일반적으로 음의 값을 가진다.
③ 식물의 키가 작을수록 중력퍼텐셜이 수분퍼텐셜에 기여하는 정도가 크다.
④ 삼투 현상은 용질이 수분퍼텐셜이 높은 곳에서 낮은 곳으로 이동하는 현상이다.
⑤ 식물이 물을 흡수하는 과정에 있어서, 수분퍼텐셜 값의 크기는 토양>뿌리>줄기 순이다.

11. 윗글을 바탕으로 건생식물에 대한 추론으로 적절한 것만을 〈보기〉에서 있는 대로 고른 것은?

〈보 기〉

ㄱ. 영구위조점에서 일반적으로 건생식물의 (수분퍼텐셜-압력퍼텐셜)의 값은 -1.5MPa 이하이다.
ㄴ. 건생식물이 서식하는 토양이 포장용수량에 달해 있을 때, 건생식물의 뿌리의 수분퍼텐셜은 -0.01MPa 이상이다.
ㄷ. 건생식물이 서식하는 토양의 영구위조점은 계속적인 증발작용 등에 의해 토양용액의 수분퍼텐셜이 증가하기 때문에 그 외의 식물이 서식하는 토양의 영구위조점보다 낮다.

① ㄱ
② ㄴ
③ ㄱ, ㄷ
④ ㄴ, ㄷ
⑤ ㄱ, ㄴ, ㄷ

12. 윗글을 바탕으로 〈보기〉를 이해한 내용으로 적절하지 <u>않은</u> 것은?

〈보 기〉

해수 근처에 있는 토양과 같이 토양에 염농도가 높은 토양을 염류토양이라 하는데, 염류토양은 토양용액 내에 상대적으로 용질의 양이 많다. 이처럼 고농도의 토양염농도는 토양용액과 식물체 내 삼투압의 차이를 발생시켜 토양수분의 이동을 방해하여 식물의 성장에 심각한 장애를 초래한다. 염류토양에 출현한 일반 식물의 경우에는 수분 손실로 인해 팽압에 문제가 발생하여 결국 고사하게 된다. 따라서 토양과 식물체 간의 염농도에 대한 조절 기능이 있는 종만이 염류토양에서 생존할 수 있다. 염류토양에서 생존할 수 있는 식물을 염생식물이라 한다. 염생식물은 삼투저항 유기물을 생성하여 삼투압의 조절을 통해 염류토양에서 수분을 흡수한다.

① 염생식물의 수분퍼텐셜은 염류토양의 수분퍼텐셜보다 낮겠군.
② 염농도가 높은 염류토양일수록 해당 토양용액의 수분퍼텐셜은 낮겠군.
③ 일반적으로 염생식물의 수분퍼텐셜은 일반 식물의 수분퍼텐셜보다 낮겠군.
④ 염류토양에 출현한 일반 식물의 경우에는 해당 세포 팽압이 낮아져 고사하는 문제가 발생하겠군.
⑤ 삼투저항 유기물은 염생식물 세포 내 삼투압을 낮추는 기능을 수행하겠군.

[13~15] 다음 글을 읽고 물음에 답하시오.

아도르노는 권력자와 대중에 의해 지식인이 어떻게 오인되고 있는지 분석하며 지식인의 본질과 사회적 역할을 재사유한다. 그는 먼저 나치즘과 전후의 극우주의 경험을 토대로 권력의 지식인 인식에 대한 논의를 전개한다. 아도르노는 직접적인 방식으로 반유대주의를 전개하기 어려울 때 지식인을 새로운 증오의 대상으로 삼는 것 그리고 극우주의가 증오와 불신의 대상을 '좌파 지식인'으로 낙인찍는 권력의 폭력을 지켜봤다. 그들에게 지식인은 비생산적 잉여 존재 혹은 사회적응을 위한 재교육 대상으로 간주된 것이다. 또한 아도르노에 따르면 대중의 지식인 인식은 한마디로 '부정적'이다. 지식인에 대한 부정적 인식은 실용주의적 문화가 세를 얻으면서 대두된 지식인의 사회적 유용성에 대한 대중 일반의 의구심에 기초한다. 그에 따르면 대중은 기존의 지식인들을 과학적 조사기법에 토대를 둔 사회연구자들에 비해 시대적으로 뒤떨어진 존재이자 사회적 유용성이 낮은 자로 평가한다. 그는 대중의 지식인 폄하가 지식인에게 지식인의 본질을 제거하는 것이라고 비판한다.

이처럼 권력과 대중의 지식인 인식을 비판한 아도르노는 지식인의 존재론적 특성도 고찰의 대상으로 삼는다. 그에 따르면 지식인은 주방에서 요리를 하는 사람들처럼 가능한 한 익숙한 방식에 따라 사물을 다루려는 특성이 있다. 지식인은 새로운 관점과 이론을 생산해 내야 한다는 압박감에 시달리며 익숙한 방법론을 동원하고 예상 가능한 분석과 대안을 제시하는 수준에서 문제에 접근하려는 유혹에 노출되어 있다는 것이다. 여기에서 그가 말하고자 하는 바는 지식인 스스로 손쉬운 작업에 대한 유혹에 빠지기 쉬운 존재론적 특성을 자각하고 애초에 자신이 "Ⓐ부과한 정신적 요구"를 위배하지 말아야 한다는 것이다.

그렇다면 아도르노가 생각한 지식인의 지성과 지성의 본질, 그리고 지성활동의 원칙과 방향은 무엇일까? 아도르노는 이 문제를 검토하기에 앞서 계몽의 진행 과정에서 발생한 사유와 정신의 현주소를 암울하게 진단한다. 『계몽의 변증법』에서 그는 "사유는 학문적이고 일상적인 개념어의 긍정적 사용뿐만 아니라 저항적 개념어의 긍정적 사용 또한 박탈당한 상태이며 지배적인 사고방식에 부합하지 않는 표현은 더 이상 허용"되지 않는다고 지적한다. 즉, 사유는 자발적으로 자기검열을 수행하는 무기력과 체념의 상태에 빠져 있다는 것이다.

그는 사회적 억압체제 아래에서 사유의 자기검열을 수행하는 지성이 처한 현주소를 검토하면서 당대의 학문과 인간의 정신을 지배하는 사고방식을 비판한다. 그가 '지배적인 사고방식'이라고 칭하는 것은 실용주의와 결합된 실증주의적 사유방식이다. 실증적 지성은 개별적 차원이든 사회적 차원이든 수단-목적 관계, 의미와 가치, 정당성과 목적성에 대한 질문을 던지지 않는다. 수단과 방법의 효율성과 최대효용원칙을 추구할 뿐이다. 이러한 실증적 지성은 사회에 대한 인식없이 단순히 사회적 사실과 경험 데이터를 숭배하며 사실의 이면을 간과한 채 사회 "적응을 위한 도구"를 자처한다는 점에서 그는 비판적으로 보았다.

그에게 있어 진정한 지성은 판단하는 능력이다. 판단 능력으로서 지성은 본능적 충동으로부터 영향받지 않는 상태를 전제한다. 이것을 전제로 지성은 눈앞에 전개되는 상황과 사태를 파악하고 판단한다. 그런데 아도르노에게 판단은 중립적인 지성활동이 아니다. 판단은 주체를 망각하거나 외부로부터의 조정이나 압력에 굴복하지 않는다는 의미에서 그 자체로 저항적이다. 판단, 판단행위 자체에 저항의 계기성이 내재한다고 할 때 저항이란 판단 주체가 개인적인 편견과 선입견 및 성격 성향 그리고 세계의 모순과 부정의를 간파하지 못하게 제약하는 다양한 장치로부터 독립적으로 판단 활동을 수행한다는 의미이다.

그리고 이러한 지성적 사유 활동의 수행자인 지식인의 사유의 정신적 내용을 구성하는 원리이자 토대가 지성적 양심이라고 보았다. 지성적 양심은 "이성을 통해 자신의 관심사를 추구할 수 있는 자립적 존재로서 사회와 대립"하며 "사회의 목적들과 직접 동화되지 않는" 다른 가능성에 대한 의식을 추구한다. 즉, 이러한 지성적 양심이 없다면 지식인의 자기반성과 성찰, 더 나은 사회를 위한 비판, 다른 가능성을 위한 사유로서의 현실비판이 가능하지 않다고 본 것이다.

13. 아도르노의 입장에 대한 이해로 가장 적절한 것은?

① 실증주의적 사유방식은 수단과 방법의 효율성을 강조하면서도 의미와 가치를 고려하지 않는다.
② 대중의 지식인 비판은 철학적 탐구보다 과학적 조사를 지성활동의 원칙으로 평가하는 데서 기인한다.
③ 지식인의 존재론적 특성은 현실비판을 통해 사회적 적응을 강화하려는 데 기여한다.
④ 실용주의와 결합된 실증주의는 사유를 자유롭게 하는 도구로서 긍정적 역할을 수행할 수 있다.
⑤ 판단행위는 외부의 압력과 주체의 편견으로부터 자유로울 수 없기에, 판단 자체는 저항적이지 않다.

14. Ⓐ의 의미로 적절하지 않은 것은?

① 지식인은 사회적 억압과 부조리 속에서도 독립적인 판단을 수행해야 한다.
② 지식인은 사회 문제 해결을 위한 대안을 사유함에 있어서, 실증적 지성에 기반한 자기검열 행태에서 벗어나야 한다.
③ 지식인은 자신의 본능적 충동이나 개인적 편견을 자제하고, 이성을 기반으로 한 자기 성찰적 사고를 수행해야 한다.
④ 지식인은 다수의 대중이 공유하는 사회적 인식에 기반하지 않고, 자신의 눈앞에 전개되는 상황에 대한 사실과 경험 데이터만을 바탕으로 사고해야 한다.
⑤ 지식인은 더 나은 사회를 만들기 위해 효율적인 수단과 방법이 무엇인지만을 고민하는 것이 아니라, 그러한 수단과 방법의 정당성과 목적을 고려해야 한다.

15. 윗글을 바탕으로 다음 〈보기〉를 이해할 때, 아드로노의 관점에서 평가한 것으로 가장 적절한 것은?

<보 기>
현대의 대중매체는 실용주의적 가치와 결합하여 대중이 실증적 데이터에 근거한 결론만을 선호하도록 만든다. 이러한 환경에서 지식인은 대중에게 과학적 사실의 정확성을 설명하는 데 주력하지만, 그 과정에서 사회적 불평등과 같은 구조적 문제를 지적하는 것을 회피한다.

① 대중은 실증적 데이터에 기반한 결론을 추구함으로써 지식인에게 올바른 지성활동의 방향을 제시한다고 평가하겠군.
② 실증주의적 사고 방식은 대중이 구조적 문제를 이해하는 데 도움을 주지만, 지식인의 현실 비판 기능을 약화시키는 요인으로 작용한다고 평가하겠군.
③ 현대 대중 매체는 지식인에게 실증적 데이터를 활용하여 대중의 비판적 사고를 함양할 기회를 주는 기능을 수행하고 있다고 평가하겠군.
④ 실증주의적 사고방식과 대중 매체의 결합이 지식인을 사회적 적응의 도구로 전락시킨다고 평가하겠군.
⑤ 구조적 문제에 대한 언급을 피하는 지식인의 태도는 대중 매체의 효율성 강화와 지식인 본연의 역할 간의 균형을 추구하기 위한 것이라고 평가하겠군.

[16~18] 다음 글을 읽고 물음에 답하시오.

조선왕조의 법은 죄를 범할 의사의 유무로 고의와 과실을 구분함으로써 결과 책임주의에 한정되지 않았다. 고의·과실의 엄격한 구분은 중국법의 영향으로 볼 수 있는데, 중국에서는 침해사실이 발생했을 때, 그 결과만으로 죄를 논한 것이 아니라 범의*를 고려한 법사상이 당대 이전부터 이미 나타났다. 따라서 전통법에서 무고의 범의는 무고죄의 필수적인 구성요건요소였다. 중국의 전통법은 일반적으로 무고죄의 성립에 고의를 필요로 하였고 이를 수용한 조선시대 무고죄 또한 마찬가지였다. 즉, 무고죄가 성립하려면 행위자가 허위를 신고한다는 인식과 의욕을 가지고서 행위에 임하여야 한다.

조선시대 무고죄의 범의를 인정한 여러 사례를 살펴보면, 공통적으로 신고자가 신고사실의 진실성 여부를 살펴보지 아니하고 신고에 이르게 되면 무고죄에 성립한다는 논리가 나타난다. 신고사실에 관하여 다른 사람으로부터 정보를 얻거나 정황상 일견 의심이 들어 신고하더라도 먼저 허위일 가능성을 진단해야 하는 것이다. 반면 무고자가 정당한 사실관계에 기반을 두고 허위 인식을 결여한 경우에는 비록 허위의 사실을 고한 결과가 발생하였다 하더라도 무고의 범의를 인정하지 않았다.

그러나 이러한 무고죄의 처리는 특이하게도 고위관료의 비리를 고발하는 풍헌관이 허위로 고발한 경우에 있어서 다소 다른 경향으로 나타났다. 풍헌관은 대간을 지칭하는 말로서 대간은 다른 관료를 규찰하여 국왕에게 그 잘못을 간하는 역할을 한다. 조선이 수용한 중국법 『대명률』에서는 풍헌관이 허위사실을 들어 탄핵한 경우 무고죄와 동일하게 처벌하고 있다. 따라서 풍헌관이 탄핵하더라도 허위의 사실을 고하면 무고죄가 성립한다는 원칙은 변함이 없는 것이다. 그러나 대간의 탄핵행위에 대하여는 '우용(優容)', 즉 우대하여 용납하여야 한다는 원칙이 있었다. 우용의 원칙은 대간이 탄핵을 통해 곧게 지적하는 행위를 높게 사는 것이므로 결과적으로 객관적 사실과 일치하지 않은 직언이 있었다 하더라도 대간에게 죄를 주지 않는 면책특권을 부여한 것이다. 하지만 대간이 허위의 인식에 기하여 공연히 허위사실을 고하는 것까지 면책되지는 않는다. 이러한 시각에서 본다면 대간의 허위 인식에 기한 탄핵은 당연히 무고죄의 구성요건에 해당된다. 그러면 실제 사례에서 무고의 범의를 판단함에 있어 이러한 법리가 어떻게 적용되었을까?

탄핵에는 탄핵한 근거가 있기 마련이다. 대간의 임무가 임금의 잘못과 관리의 비리를 규찰하는 것이므로 타당한 근거를 조사하여 탄핵하는 것이 당연했으나 단지 풍문만 듣고서 탄핵하는 경우가 상당하였다. 조선왕조 개창 직후 태조 이성계는 이와 같은 풍문탄핵에 대해 대간의 풍문탄핵을 일체 금하는 법을 세웠다. 탄핵의 주체인 대간들은 풍문탄핵금지법의 폐지를 지속적으로 주장하였지만 태종의 강력한 반대로 풍문탄핵은 엄격히 금지되었고, 이러한 원칙 아래 태종대에는 대간의 탄핵을 무고죄로 처벌하는 사례가 종종 있었다. 그러나 계속된 논란 끝에 세종대에 이르러 지방관의 탐묵(貪墨)과 학민(虐民) 두 가지 사유에 한해서만 예외적으로 풍문으로 탄핵할 수 있도록 법을 고쳤고, 이는 이후에도 계승되었다.

특히 세종 이후 성종대에 이르러서는 풍문탄핵이 점차 성행하게 되었고, 대간의 풍문탄핵에 관하여 피탄핵자들의 항의가 받아들여졌다 하더라도 그를 탄핵한 대간은 형사처벌되지 아니하고 기껏해야 좌천되는 정도의 처벌만 받았다. 사실상 대간의 탄핵에 대해서는 허위사실임을 확정적으로 인식하고 탄핵하는 확정적 고의가 있을 경우에 한해야 무고죄로 처벌하게 됨으로써 대간의 탄핵행위에 한해서는 일정한 특권을 부여하였다. 이러한 배경에는 탄핵에 일반적인 무고죄 기준을 그대로 적용할 경우 대간의 활동이 위축될 수 있다는 점, 유교적 통치이념 정착에 따라 대간의 언로(言路)를 막아서는 안된다는 분위기 등 대간에 한해 그 직무의 특수성을 인정하여 허위사실을 확정적으로 인식한 때에만 무고죄 범의를 인정함으로써 자유로운 탄핵의 특권을 보장한 것이다.

* 범의 : 범죄 행위를 알면서도 그 행위를 하려는 의사(意思)

16. 윗글에 대한 이해로 적절하지 않은 것은?

① 조선시대에 무고자가 허위의 사실을 고발한 경우에도 무고죄의 범의를 인정하지 않은 사례가 존재했다.
② 조선시대에 신고자가 신고할 사실의 진실성 여부를 미리 제대로 조사하지 아니하고 신고할 경우 무고의 범의가 인정되는 경우가 있었다.
③ 조선시대 태종은 대간이 풍문만을 듣고서 탄핵하는 것을 금지하는 법을 세우고 이같은 탄핵을 무고죄로 처벌하기도 했다.
④ 조선시대 성종대에는 지방관의 탐묵과 학민에 대한 풍문탄핵은 법적으로 허용되었다.
⑤ 조선시대 무고죄의 처벌은 허위신고 인식 및 의욕, 무고에 관한 사실여부를 종합적으로 고려하여 이루어졌다.

17. 윗글을 바탕으로 〈보기〉의 사례에 대한 추론으로 가장 적절한 것은?

〈보 기〉

사헌부 관리(대간에 해당) 김제신은 새로이 대사헌*에 임명된 양성지가 대사헌에 부적합한 인물이라 탄핵하였는데, 그가 탄핵한 상소문을 살펴보면 아래와 같다.
"살피건대 양성지는 본래 품행이 없고 오로지 재화만을 탐하였으므로 일찍이 이조판서가 되었을 때 그 문전이 저자와 같아서 나라의 보궤를 더럽힌다는 비난이 있었습니다. 그때 사람들이 '오마판서'라고 그를 지목하기에 이르렀습니다. '오마(五馬)'라고 하는 것은 그가 받은 뇌물이 말 다섯 마리에 실을 정도라는 것입니다. 양성지의 한 짓을 비록 목격하지는 아니하였지만, 그러나 사람들 입에 퍼진 소문은 이와 같으니, 빨리 파면시켜서 대간의 기강을 떨치게 하여야 할 것입니다."
이후 사초와 실록 등 실체관계를 확인할 수 있는 증거자료를 최대한 수사했음에도 양성지의 혐의를 입증할 증거를 찾지 못했다. 그러나 성종은 탄핵받은 양성지를 대사헌에서 즉시 해임하는 반면, 풍문탄핵에 앞장선 김제신에게는 아무런 처벌을 내리지 않았다.

* 대사헌 : 조선시대 중앙기관인 사헌부의 수장

① 김제신의 양성지에 대한 풍문탄핵은 성종대에 법적으로 허용되었다.
② 김제신의 탄핵은 조선 태종대에 발생했을 경우와 세종대에 발생했을 경우에 따라 법적 허용 여부가 달라진다.
③ 『대명률』에 따르면 풍헌관인 김제신은 무고죄에 따른 처벌 수위보다 낮은 처벌을 받아야 한다.
④ 성종이 양성지를 해임한 것 자체는 대간의 언로를 막아서는 안된다는 유교 통치이념에 기반한 행동이다.
⑤ 성종은 김제신이 양성지에 대한 소문이 허위사실임을 확정적으로 인식하고 있지 않았다고 판단하였다.

18. 〈보기〉를 바탕으로 윗글을 이해한 내용으로 적절한 것만을 있는 대로 고른 것은?

〈보 기〉

일반 범죄와 마찬가지로 무고죄의 성립에 있어서도 고의는 필수적인 구성요소이다. 무고죄가 성립하려면 행위자가 허위의 사실을 신고한다는 인식과 의욕을 가지고서 행위에 임하여야 한다. '고의'에 대한 해석상 문제는 확정적으로 고소사실이 허위임을 인식하지 아니하였더라도 허위사실이 아님을 확신하지 않은 상태에서 고소한 경우에 발생한다. 신고하는 사실이 진실인지 허위인지 불확실한 상태에서 허위일 수 있음을 인식하고 허위사실을 고소하여 상대방을 무고할 수 있다는 위험을 용인하는 내심의 의사가 있는 심리상태, 이른바 미필적 고의가 있는 경우에도 무고죄의 성립을 인정할 수 있을 것인지가 논란이 된다. 이에 대해 확정적 고의설은 무고죄의 고의가 인정되기 위하여는 허위사실에 대한 확정적 고의가 있어야 한다고 보는 반면, 미필적 고의설은 허위사실에 대한 미필적 고의만으로 무고죄가 성립한다고 본다.

ㄱ. 신고사실에 관하여 다른 사람으로부터 정보를 얻거나 정황상 일견 의심이 들어 신고하더라도 먼저 허위일 가능성을 진단하지 않았을 때 무고의 범의를 인정하는 조선시대 법리는 확정적 고의설에 부합한다.
ㄴ. 허위사실일 가능성을 인식하고도 고소하는 것과 달리 정당한 이유에 기반하여 허위를 진실이라 잘못 믿은 경우에 무고의 범의를 인정하지 않는 조선시대 법리는 미필적 고의설에 부합하지 않는다.
ㄷ. 대간의 탄핵에 대해서는 허위사실임을 확정적으로 인식하고 탄핵하는 경우에 한하여 해당 풍헌관에 대해 무고의 범의를 인정하는 조선시대 법리는 확정적 고의설에 부합한다.

① ㄱ
② ㄷ
③ ㄱ, ㄴ
④ ㄴ, ㄷ
⑤ ㄱ, ㄴ, ㄷ

[19~21] 다음 글을 읽고 물음에 답하시오.

환율*결정에 대한 접근방법 중 포트폴리오 모형은 국내채권 및 해외채권이 불완전 대체재임을 가정하고, 각국의 금융자산에 대한 총수요와 총공급 또는 저량을 균형시키는 과정에서 환율이 결정된다고 설명하는 모형이다. 가장 단순한 포트폴리오 모형에 의하면 개인이나 기업은 그들의 금융자산을 국내통화, 국내채권 및 외화표시 해외채권으로 조합하여 보유한다. 채권을 보유하는 이유는 이자를 얻을 수 있기 때문이다. 그러나 이들 채권은 채무 불이행과 채권의 시장 가격 변동으로 인한 위험을 수반한다. 국내 및 해외채권은 완전 대체재가 아니며 해외채권은 국내채권과 비교하여 추가적인 위험을 수반한다. 그러나 국내통화를 보유하면 위험은 없지만 이자 수익을 얻을 수 없다. 따라서 국내통화를 보유하는 데 드는 기회비용은 채권을 보유함으로써 얻을 수 있는 이자이며, 채권에 대한 이자가 높을수록 개인이나 기업이 보유하려는 통화량은 감소할 것이다. 어느 특정시점에서 개인들은 각자의 선호도와 위험회피 성향의 정도에 따라 각자의 금융자산을 통화와 채권으로 보유하려고 할 것이다.

그러나 이러한 선택은 국내통화와 채권 일반에 대해 국한된 것은 아니고 국내통화, 국내채권 및 해외채권에 대한 선택의 문제가 된다. 외화표시 해외채권은 외국통화가 평가하락하면 채권보유자의 국내통화로 표시했을 때 자본손실이 발생할 수 있는 위험이 따른다. 그러나 한 국가에서 수익률을 하락시키는 교란이 다른 국가에서 동시에 발생할 가능성은 별로 없으므로, 해외채권을 보유하면 위험을 분산시킬 수 있다. 따라서 금융 포트폴리오에는 거래 목적의 국내통화, 이자 목적의 국내채권, 이자와 위험 분산 목적의 해외채권이 포함될 것이다. 이렇듯 포트폴리오 보유자의 기호나 선호, 금융자산, 국내 및 해외의 이자율, 외국통화의 미래 가치에 대한 예상 등이 주어졌을 때 포트폴리오 보유자는 그의 만족을 극대화할 수 있는 포트폴리오를 보유할 것이다.

만약 위의 요인들 중 어느 한 가지라도 변화하면 포트폴리오 보유자는 그의 포트폴리오를 재편성하여 바람직한 포트폴리오를 구성한다. 예를 들어 국내 이자율이 상승하면 국내채권에 대한 수요가 증가하고 해외채권 및 국내통화 수요는 감소한다. 투자자들이 해외채권을 매도하고 국내채권을 보유하기 위하여 외환을 국내통화로 환전함에 따라 환율은 하락한다. 또는 자산이 증가할 경우 국내통화, 국내채권 및 해외채권에 대한 수요가 증가하는데, 투자자들이 해외채권을 매입하기 위해 외국통화를 매입함에 따라 환율은 상승한다.

이처럼 이자율, 부 등이 변화하면 기존 균형 상태가 교란되며 이에 따라 투자자들은 금융자산을 재조정하여 새로운 균형에 도달한다. 이러한 조정은 포트폴리오를 구성하는 다양한 금융자산의 저량 변화를 수반한다. 투자자들의 포트폴리오를 구성하는 금융자산의 총저량은 장기간에 걸쳐 축적되었기 때문에 저축이나 투자를 통한 연간 유량에 비해 규모가 매우 크다. 또한 한 시점에서 투자자들의 포트폴리오를 구성하는 금융자산의 총저량의 규모가 클 뿐만 아니라 다양한 금융자산 보유에 따른 이익과 비용에 영향을 미치는 이자율 등 요인들이 변화하면 투자자들이 신속하게 균형 포트폴리오를 조정하기 때문에 금융자산의 저량 역시 즉각적으로 변화한다.

예를 들어 예상치 못한 통화량의 증가로 인해 한 국가의 이자율이 즉각 하락한 경우를 생각해보자. 모든 시장이 원래 균형상태에 있었다면, 투자자들은 국내채권 대신 국내통화나 해외채권을 보유하려 할 것이다. 이러한 저량 조정은 그 규모가 크며 즉각적으로 또는 단시간 내에 이루어진다. 이는 한 국가의 통화의 가치가 하락한 결과 장기간에 걸쳐 점진적으로 발생하는 상품 무역의 유량변화와 대조적이다. 상품 무역의 경우 과거의 계약 이행 및 새로 주문하는 데 수개월의 시간이 소요되기 때문이다. 따라서 금융자산의 저량 조정은 보통 무역의 유량 조정보다 규모가 크고 신속하게 발생한다. 즉 이로 인해 예상치 못한 이자율 변화에 따른 환율조정의 부담을 단기나 초단기에는 대부분 금융시장이 떠안게 된다. 따라서 금융시장이 신속하게 다시 균형을 찾기 위해 환율의 갑작스러운 변동, 오버슈팅 이 나타나게 된다. 하지만 시간이 경과하면서 무역부문 등 실물부문에서 발생하는 조정 효과가 누적됨에 따라 기존의 환율 이동 방향과 반대로 환율 변화가 이루어지면서 오버슈팅은 제거된다.

* 환율 : 두 나라 통화 간의 교환 비율을 의미하는 것으로, 여기서는 외화 1단위당 교환되는 국내통화의 비율을 의미함.

19. 윗글에 대한 이해로 적절하지 않은 것은?

① 포트폴리오 모형에 따르면, 개인이나 기업은 이자를 받지 못하는 자산도 자신들의 포트폴리오에 보유한다.
② 포트폴리오 모형에 따르면, 포트폴리오 보유자의 자산이 증가할 경우 보유자들은 외국통화 매입을 늘린다.
③ 포트폴리오 모형에 따르면, 해외채권 보유 시 받을 수 있는 이자가 국내채권 보유 시 받을 수 있는 이자보다 적으면 개인이나 기업은 해외채권 대신 국내채권만을 보유한다.
④ 포트폴리오 모형에 따르면, 외국통화 가치 하락에 따른 위험을 회피하려는 사람일수록 자신의 포트폴리오에서 국내통화 및 국내채권의 비중을 늘린다.
⑤ 포트폴리오 모형에 따르면, 외국에서 이자율이 상승하면 포트폴리오 보유자들이 이전보다 해외채권에 대한 수요를 늘림에 따라 환율이 상승한다.

20. 포트폴리오 모형이 성립한다는 가정하에 오버슈팅에 대한 추론으로 가장 적절한 것은?

① 갑작스럽게 국내 이자율이 상승하는 경우, 포트폴리오 보유자들은 점진적으로 해외채권을 매도하고 국내채권을 매수함에 따라 오버슈팅이 나타난다.
② 갑작스럽게 국내 이자율이 하락하는 경우, 포트폴리오 보유자들은 즉각 국내채권을 매도하고 해외채권을 매수함에 따라 단기적으로 환율이 급락하는 오버슈팅이 나타난다.
③ 예상치 못하게 외국통화량이 감소한 경우, 실물부문과 금융부문이 모두 즉각적으로 해당 변화에 반응한다면 단기적으로 환율이 급등하는 오버슈팅이 나타난다.
④ 예상치 못하게 외국통화량이 증가한 경우, 포트폴리오 보유자들은 국내채권을 매수하고, 해외채권을 매도하여 오버슈팅이 발생하지만, 시간이 경과함에 따라 환율이 상승하여 오버슈팅이 제거된다.
⑤ 예상치 못하게 국내통화량이 감소한 경우, 포트폴리오 보유자들은 국내채권을 매수하고, 해외채권을 매도하여 오버슈팅이 발생하지만, 시간이 경과함에 따라 환율이 하락하여 오버슈팅이 제거된다.

21. <보기>를 바탕으로 윗글을 이해한 내용으로 적절한 것만을 있는 대로 고른 것은?

─────<보 기>─────
(가) 2008년 9월 글로벌 금융위기가 촉발됨에 따라, 한국과 같은 신흥국에 대한 위험 회피 성향이 강화되어 미국 달러 표시 자산에 대한 선호가 급증하였다. 이 과정에서 원/달러 환율은 급격한 변동(오버슈팅)을 겪었다. 해당 오버슈팅은 약 1년 이후 제거되었다.
(나) 일반적으로 원/달러 환율이 상승하면 수출 상품의 가격 경쟁력이 상승하는 반면, 수입품 가격이 상승하여 무역수지가 개선됨에 따라 외환 시장에서 원화 수요가 증가한다. 반대로 원/달러 환율이 하락하면 수출 상품의 가격 경쟁력이 감소하는 반면, 수입품 가격이 하락하여 무역수지가 악화됨에 따라 외환 시장에서 외화 수요가 증가한다.

(한국이 자국, 미국이 외국임을 가정함.)
ㄱ. 글로벌 금융위기가 발생한 직후, 포트폴리오 내 미국채권의 비중이 증가했겠군.
ㄴ. 오버슈팅 발생 이후, 국내채권의 이자가 감소한다면 오버슈팅이 완화될 수 있었겠군.
ㄷ. 오버슈팅 발생 이후, 실물부문에서 무역수지 개선에 따라 원/달러 환율이 하락하여 오버슈팅이 제거되었겠군.

① ㄱ
② ㄴ
③ ㄱ, ㄷ
④ ㄴ, ㄷ
⑤ ㄱ, ㄴ, ㄷ

[22~24] 다음 글을 읽고 물음에 답하시오.

1990년대 후반부터 이루어진 게임 산업의 폭발적인 성장은 게임 산업의 입장에서는 게임이 단순한 시간 때우기용 오락거리 이상의 문화적 산물로 발돋움할 수 있으리라는 희망적인 전망으로 이어졌다. 그러나 같은 현상이 기존의 예술에 몸담고 있던 이들에게는 예술에 대한 게임의 성급한 침범으로 여겨졌다. 그러한 이유에서, 주로 예술 비평가들을 중심으로 게임이 예술일 수 없다는 회의주의가 나타났다.

게임 예술에 대한 1세대 회의주의의 대표적인 인물은 영화비평가 로저 이버트이다. 그는 게임이 승리를 목표로 제시한다는 점에서 예술과 다르다고 지적한다. 게임 예술의 옹호론자들이 제시하는, 게임이 예술 못지않게 감동을 줄 수 있다는 주장에 맞서서, 그는 무언가가 우리에게 감동을 준다고 해서 반드시 예술이 되지는 않는다고 본다. 그에 따르면 예술의 역할은 단지 감동을 주는 것이 아니며, 감상자가 자유롭게 그 내용을 선택할 수 있도록 하는 것이 아니다. 예술은 감상자가 아니라 예술가에 의해 창조되는 것으로서 예술가가 제시하는 '불가피한 결론'으로 감상자를 이끌기를 추구하는 것이다. 반면 게임이 플레이어에게 요구하는 것은 규칙에 따라 승리하라는 것이므로 플레이어는 게임을 통해서는 기존의 예술이 주는 것과 같은 예술적 경험을 할 수 없다는 것이 그의 주장이다. 더 나아가서 전자 게임에 의해 창조된 세계는 놀이터에 가까운데, 이 놀이터에서의 경험은 플레이어와 프로그램 사이의 상호작용에 의해 창조되어, 플레이어는 이를 통해 게임의 내용을 바꿀 수 있으므로 '예술가'가 말하고자 하는 바가 감상자에게 제대로 전달될 수 없다고 보았다.

반면, 게임 예술에 대한 1세대 옹호론의 대표적인 인물은 미학자 애런 스머츠이다. 그는 예술에 관한 기존의 철학 이론들 중 전망 있는 것들을 선별하여, 그러한 이론들에 따를 때 게임이 예술이라고 생각할 만한 좋은 이유가 있다고 주장한다. 예를 들어, 그는 노엘 캐럴이 제안한 예술 이론인 '역사적 서사 이론'을 통해 게임이 예술임을 옹호한다. 캐럴에 따르면 어떤 대상이 예술인가의 여부는, 문제되는 대상을 창작한 예술가가 가진 문제나 목표와, 이전 시기에 이미 인정받은 예술가가 가졌던 문제나 목표 사이를 연결하는 서사가 있을 수 있는가에 따라 결정된다.

스머츠는 ⓐ영화 등 기존의 기계 복제 대중예술에 제기되었던 문제에 대해 게임이 예술적 해결 수단을 제공한다고 주장한다. 그는 콜링우드가 기계적으로 복제되는 예술장르에 대해 제기한 비판을 재해석한다. 콜링우드에 따르면 기계적인 방식으로 복제되어 만들어지는 대중예술이 맞닥뜨렸던 예술적 문제는 감상자와 예술가가 예술작품을 '공동 창조'할 수 없다는 점이었다. 이에 대해 스머츠는, 콜링우드가 기계적 대중예술의 한계로 지적했던 것은 사실 그러한 예술 형식에서 감상자에게 일방적으로 전달되는 점이라고 주장한다. 스머츠는 게임이 상호작용성을 통해 이 문제에 대한 해결 수단을 제시한다는 점에서 게임과 이전의 영화·애니메이션 사이를 연결하는 역사적 서사가 있다고 볼 수 있다고 주장한다.

이뿐 아니라, 스머츠에 따르면 게임과 기존 예술 사이에는 작품 자체의 구조나 형식적 특징의 면에서 공통점이 존재한다. 오늘날의 많은 게임들이 고도로 복잡하고 정교한 서사를 가지며, 많은 게임 디자이너들이 '컷씬' 등을 통해 게임을 영화와 비슷하게 보이도록 제작한다.

　게임과 기존 예술 사이의 유사성은 창작자의 의도나 작품이 만들어지는 방식에서도 발견된다. 게임 디자이너들은 영화감독이나 애니메이터, 소설가, 연극 프로덕션의 무대 디자이너나 영화의 아트디렉터와 유사한 미적 고려를 한다. 게임의 맵이나 환경을 개발하는 일은 마치 무대 디자이너들이 소도구를 배치하는 것처럼 게임 세계 속 세부 사항들을 조정하고 통합하는 일이기도 하다.

　마지막으로 게임은 제도적인 차원에서도 기존 예술과 연속성을 가진다. 세계 전역의 미술관들이 게임을 다양한 미술 작품과 동등하게 소장품 및 전시품으로 받아들이고 있다. 스머츠는 이에 더하여, 제도권 미술 대학들에게 게임 디자인을 교육하는 커리큘럼이 개설된다는 점, 그리고 대중적인 차원에서 게임이 미적 평가의 대상이 된다는 점 등을 들어, 문학이나 연극, 영화와 다름없이 게임에 있어서도 '예술계(artworld)'가 있다고 볼 수 있음을 주장한다. 이처럼 스머츠는 게임과 예술 사이에 존재하는 다양한 유사성들에 호소하여 기존의 예술 이론들이 게임을 포괄할 수 있음을 보인다.

22. 윗글에 대한 이해로 적절하지 않은 것은?

① 이버트는 게임과 예술 모두 감상자에게 감동을 줄 수 있다고 본다.
② 이버트는 게임 플레이어가 게임 제작자에 의해 창조된 게임 내용을 바꿔서는 안 된다고 보았다.
③ 스머츠는 게임과 영화가 형식적 특징 면에서 유사한 점을 갖고 있다고 본다.
④ 스머츠는 연극과 마찬가지로 게임도 작품의 미시적 요소에 대한 고려가 이루어진다고 본다.
⑤ 스머츠는 문학, 연극, 영화, 게임이 모두 미적 평가의 대상이 된다고 본다.

23. ⓐ의 내용으로 가장 적절한 것은?

① 게임은 많은 대중에게 미적 평가를 받음으로써 작품의 예술성에 대한 평가가 이루어진다.
② 게임은 영화 못지않게 복잡하고 정교한 역사적 서사를 제공할 수 있다.
③ 게임은 플레이어와 프로그램 사이의 상호작용을 통해 제작자가 전달하고자 하는 바가 플레이어에게 제대로 전달되었는지 확인할 수 있다.
④ 게임은 플레이어의 창조적 참여를 통해 제작자의 메시지가 수용자에게 강요되지 않는 방식으로 전달됨으로써 기존 예술의 단방향성을 극복할 수 있다.
⑤ 게임은 기존 예술과 달리 플레이어의 플레이 방식에 따라 게임 내용이 달라지기 때문에 실질적으로 복제란 개념은 존재하지 않는다.

24. 윗글과 〈보기〉를 연결하여 평가할 때, 적절한 것만을 있는 대로 고른 것은?

〈보 기〉

　게임 디자이너들은 플레이어가 게임 안에서 겪게 될 환경을 만들어내고, 플레이어가 게임 속에서 어떤 능력을 발휘할 수 있는지 설정하고, 목표나 점수 시스템이나 승리 조건을 규정함으로써 플레이어가 움직이는 방식을 빚어낸다. 즉, 게임 디자이너들은 행위성을 조각한다.

　게임 플레이어들은 게임을 하면서 디자이너들이 만들어 놓은 행위성을 일시적으로 받아들임으로써 다양한 행위성을 유연하게 탐색할 기회를 얻을 뿐 아니라, 자기 자신의 행위성에 미적으로 주목하게 된다. 예를 들어, 〈슈퍼 마리오〉를 하면서 타이밍을 맞추어 점프함으로써 장애물을 건너뛸 때의 경험이나 〈철권〉에서 정확한 컨트롤로 적을 때려눕혔을 때의 경험이 게임을 통한 미적 경험인 것이다.

ㄱ. 이버트는 〈슈퍼 마리오〉를 하면서 타이밍에 맞춰 장애물을 점프하는 경험은 게임 디자이너가 설정한 규칙에 따라 수행하는 경험으로, 게임 디자이너가 제시하는 '불가피한 결론'으로 이끈 결과라고 보겠군.
ㄴ. 스머츠는 〈철권〉에서 정확한 컨트롤을 해야 적을 때려눕힐 수 있는 승리 조건을 규정하는 것은 게임 디자이너의 미적 고려의 결과라고 보겠군.
ㄷ. 〈슈퍼 마리오〉나 〈철권〉을 통한 미적 경험에 대해 이버트는 기존 예술이 주는 예술적 경험과 같지 않아 두 게임이 예술이 아니라고 보는 반면, 스머츠는 기존 예술이 줄 수 있는 경험과 같아 두 게임이 예술이라고 보겠군.

① ㄱ
② ㄴ
③ ㄱ, ㄷ
④ ㄴ, ㄷ
⑤ ㄱ, ㄴ, ㄷ

[25~27] 다음 글을 읽고 물음에 답하시오.

반도체는 이름이 뜻하는 바와 같이 절연체보다는 전기가 잘 통하지만 도체보다는 덜 통하는 성질을 갖는다. 물질이 갖는 전기 전도성은 구성원소의 원자구조에 의하여 결정된다. 도체를 이루는 원자는 고체결정을 형성할 때 원자 당 한두 개의 여분의 전자를 내놓고 이온화된 상태로 결정을 구성한다. 이 여분의 전자들은 고체결정 내를 자유로이 움직여 다닐 수 있어 자유전자라고 불린다. 한편, 절연체를 이루는 원자는 여분의 전자를 내놓지 않고 인접한 원자들과 전자를 공유하여 8개의 최외곽 전자를 이루어 결합한다. 절연체에서는 원자핵의 전기력으로 전자를 강력하게 구속하여 이동을 막게 된다. 한편, 실리콘과 같은 반도체는 원자당 네 개의 최외곽전자를 가지며 절연체와 유사한 공유결합을 한다.

저온에서 불순물이 들어 있지 않은, 순수한 실리콘 결정에는 자유전자가 존재하지 않는다. 절대영도(-273℃)에서 실리콘의 전기전도성은 0이다. 그러나 실온에서 실리콘원자는 결정격자 내에서 자신의 초기 위치를 중심으로 불규칙적으로 진동한다. 이 열운동에 의해 전자 중 일부가 결정격자로부터 튀어나와 자유전자가 된다. 반도체 결정에 전압을 공급하면, 이 자유전자는 음극(-)에서 양극(+)으로 이동한다. 이러한 전자의 이동이 곧 전류의 흐름이다.

그리고, 위 과정처럼 기존 전자가 결정에서 튀어 나가면 빈자리가 발생한다. 전자가 튀어 나간 빈자리는 다른 전자를 끌어들이려고 하므로 마치 (+)전하가 있는 것과 같으나 실제로는 아무것도 없다. 따라서 '(+) 성질을 가진 빈자리'라는 뜻으로 이를 정공 또는 홀(hole)이라 한다. 이 정공도 역시 전류의 흐름에 기여한다. 반도체결정에 전압을 공급하면, 부근의 전자가 다시 이 정공을 메우고, 이동해온 전자가 원래 있던 자리는 다시 정공이 된다. 이 과정은 계속적으로 반복되어 정공은 반도체결정의 끝까지 이동한다. 다만, 정공은 전자와는 반대방향으로 이동하면서 전기를 전도한다. 이렇게 전기를 전도하는 전자와 정공을 '반송자'라고 한다.

한편, 실리콘과 같은 반도체결정에 불순물을 첨가하여 만드는 반도체가 있다. 이때 첨가되는 불순물은 최외곽전자가 3개 또는 5개인 원소들이다. 즉, 이들이 최외곽전자가 4개인 실리콘에 첨가되면, 공유결합구조를 형성할 때 전자가 1개 부족하거나 남아돌게 된다. 이때 전자가 남아도는 반도체를 ㉠N형 반도체, 전자가 부족한 반도체를 ㉡P형 반도체라 한다.

이러한 P형 반도체와 N형 반도체를 접합시키면, 접합부분의 좁은 영역, 즉 접합 경계면에서의 반송자 밀도 차이 때문에 자유전자는 N형에서 P형으로, 정공은 반대로 P형에서 N형으로 확산되어 서로 재결합한다. 이렇게 각각의 반송자가 확산하면 접합부 근처의 P형 반도체에는 (-)전하를 띤 이온이, 반대로 N형 반도체에는 (+) 전하를 띤 이온이 존재하게 된다. 따라서 P-N 접합부 근처는 더 이상 전기적으로 중성이 아니라 전하를 띠게 되는데, 이 영역을 '공핍층'이라 한다. 이러한 특성을 가진 ⓐ공핍층은 P형 반도체와 N형 반도체 내 정공과 자유전자가 더 이상 확산되는 것을 방지한다.

이런 상황에서 P-N 접합체에 외부 전압을 걸어주면 어떻게 될까? 먼저, P형 반도체 측에 (+)의 전원을, N형 반도체 측에 (-)의 전원을 연결하는 경우를 생각해보자. 이 경우 N형 반도체 내의 전자는 전원의 (-)에 의해 반발당하나 전원의 (+) 측에서는 전자를 흡인하므로 전자는 N형 반도체에서 P형 반도체로 이동한다. 반대로 P형 반도체 내의 정공은 전원의 (+)에 반발당하고, 전원의 (-)에 의해서 흡인되므로 N형 쪽으로 이동하게 된다. 따라서 공핍층에 존재하는 P형 경계면 음이온은 정공에 의해, N형 경계면 양이온은 자유전자에 의해 중화되므로 공핍층은 전기 반송자가 자유롭게 이동할 수 있는 지역으로 변화한다. 즉, 전류가 흐르게 되는 것이다. 이와 비슷한 원리로 반대의 경우도 생각해볼 수 있을 것이다.

25. ㉠과 ㉡에 대한 이해로 가장 적절한 것은?

① ㉠을 만들기 위해 첨가되는 원소의 최외곽전자는 3개, ㉡의 경우에는 최외곽전자가 5개이다.

② ㉠과 ㉡을 비교할 때, ㉠의 반송자는 주로 자유전자, ㉡의 반송자는 주로 정공이다.

③ ㉠, ㉡ 모두 절연체와 달리 인접한 원자들과 전자를 공유하여 8개의 최외곽전자를 구성한다.

④ 절대영도에서 ㉠, ㉡ 모두 자유전자가 존재한다.

⑤ ㉠에 전압을 주는 경우와 달리 ㉡에 전압을 주는 경우 전류가 흐르지 않는다.

26. ⓐ의 이유에 대한 추론으로 가장 적절한 것은?

① N형 반도체 내 반송자가 P형 반도체로 침투하려고 하면 P형 반도체 공핍층 내의 음(-)이온 전하에 의해 반발당하고, P형 반도체 내 반송자가 N형 반도체 내로 확산되려고 하면 P형 반도체 공핍층 내의 양(+)이온 전하에 의해 밀려나기 때문이다.

② N형 반도체 내 반송자가 P형 반도체로 침투하려고 하면 N형 반도체 공핍층 내의 양(+)이온 전하에 의해 반발당하고, P형 반도체 내 반송자가 N형 반도체 내로 확산되려고 하면 P형 반도체 공핍층 내의 음(-)이온 전하에 의해 밀려나기 때문이다.

③ N형 반도체 내 반송자가 P형 반도체로 침투하려고 하면 P형 반도체 공핍층 내의 양(+)이온 전하에 의해 반발당하고, P형 반도체 내 반송자가 N형 반도체 내로 확산되려고 하면 N형 반도체 공핍층 내의 음(-)이온 전하에 의해 밀려나기 때문이다.

④ N형 반도체 내 반송자가 P형 반도체로 침투하려고 하면 P형 반도체 공핍층 내의 음(-)이온 전하에 의해 반발당하고, P형 반도체 내 반송자가 N형 반도체 내로 확산되려고 하면 N형 반도체 공핍층 내의 양(+)이온 전하에 의해 밀려나기 때문이다.

⑤ N형 반도체 내 반송자가 P형 반도체로 침투하려고 하면 N형 반도체 공핍층 내의 음(-)이온 전하에 의해 반발당하고, P형 반도체 내 반송자가 N형 반도체 내로 확산되려고 하면 P형 반도체 공핍층 내의 양(+)이온 전하에 의해 밀려나기 때문이다.

27. 윗글을 바탕으로 〈보기〉를 이해한 내용으로 적절한 것만을 있는 대로 고른 것은?

〈보 기〉

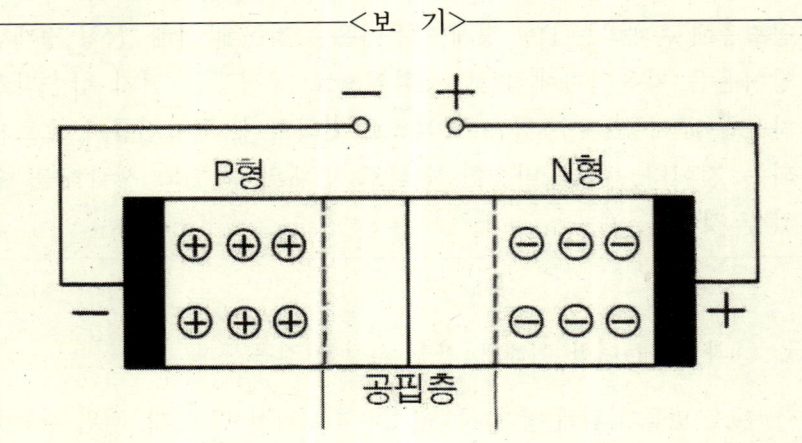

윗 그림에 나와 있듯이, P-N 접합 반도체에 P형에는 (-)의 전원을, N형에는 (+)의 전원을 연결하고 변화를 관찰하였다.

ㄱ. P형 반도체 내 반송자는 전원의 (-)측에, N형 반도체 내 반송자는 전원의 (+)측에 흡인된다.
ㄴ. 공핍층의 P형 경계면 음(-)이온은 정공에 의해, N형 경계면 양(+)이온은 자유전자에 의해 중화되므로 공핍층은 전기 반송자가 자유롭게 이동할 수 있는 지역으로 변화한다.
ㄷ. 전류는 N형 반도체에서 P형 반도체 방향으로 흐르게 된다.

① ㄱ
② ㄷ
③ ㄱ, ㄴ
④ ㄴ, ㄷ
⑤ ㄱ, ㄴ, ㄷ

[28~30] 다음 글을 읽고 물음에 답하시오.

능력주의라는 용어가 만들어지기 전부터 "출신에 상관없이 능력에 따라 대우받아야 한다"는 관념은 존재하였다. 근대 이전 사회에는 태어날 때부터 정해진 신분을 벗어나 살지 못했지만, 근대 혁명 이후에는 출생이 아닌 개인의 능력에 따라 사회적 지위를 부여받아야 한다는 생각이 자리 잡았다. 특히 근대 자유주의 이념은 모든 인간은 평등하고 자유로운 존재로서 신분이나 계급의 세습이 아닌, 개인의 능력과 노력에 따라 사회적 지위를 분배받아야 한다는 관념을 강화하였다. 근대에 형성된 능력주의 이념은 현대의 분배 원칙에도 영향을 미쳤다. 능력주의는 "지위와 보상은 능력에 따라 분배되어야 한다"라는 원칙, 즉 능력 원칙으로 발전하였다. 능력주의자들은 개인의 능력에 따라 한정된 사회적 지위나 경제적 보상을 분배해야 한다고 주장하며, 능력에 의한 차등적 분배와 비례적 보상을 지지하였다.

그런데 이러한 능력주의 이념과 분배 원칙은 사회경제적 불평등 심화라는 역사적 배경에 따라 두 가지 핵심 원칙을 전제로 발전하였다. 기회의 평등은 능력주의의 핵심 원칙이다. 개인의 능력에 대한 적합한 분배나 보상이 이루어지기 위해서는 기회의 평등이 전제되어야 한다. 전통적으로 기회의 평등은 교육과 일이라는 두 가지 영역에서 제공되었다. 능력주의자들은 모든 사람에게 교육의 기회를 제공하여 기회의 평등을 실현하고자 하였다. 그들은 인생의 출발선에서 나타난 격차가 학교 교육을 통해 좁혀질 수 있다고 주장하면서, 교육의 기회가 동등하게 제공된다면 능력에 따른 차등적 결과는 정당하다고 말하였다. 또한 능력주의자들은 직업이나 직위는 공개되어 누구든지 지원할 수 있고, 직무 수행과 관련하여 가장 능력 있는 사람이 직위를 맡아야 한다고 주장하였다.

또한 능력주의는 사회적 이동성의 체계인 사다리를 상징한다. 누구나 재능과 노력이 있으면 그만큼의 사회적 지위와 보상을 얻을 수 있다는 주장은, 개인이 자신의 재능과 노력으로 사회적 이동을 실현할 수 있다는 것을 전제한다. 사실 사회적 이동성은, 근대 초기 능력주의의 핵심이 아니었다. 당시 능력주의는 출신과 상관없이 자신의 직업과 직위를 선택할 수 있는 자유를 핵심으로 했지만, 21세기 초부터 능력주의 체제가 사회적 이동성을 보장하지 않는다는 경험적, 비판적 연구가 활발히 진행되면서, 능력주의자들은 기회의 평등과 함께 '사회적 이동성'의 보장을 강조하였다.

능력주의자들이 주장하는 능력은 재능에 노력이 합쳐진 것을 의미한다. 재능은 개인이 타고난 역량뿐만 아니라 자기개발을 통해 습득한 역량을 말하며, 노력은 열정, 근면함, 성실성을 포함한다. 능력주의자들은 개인의 재능과 노력으로 이룬 성취는 부모의 사회적 지위, 부의 세습이나 우연한 행운으로 이룬 성취보다 정당하다고 주장한다. 그들은 자신의 능력과 그로 인한 성취에 운이 개입했다고 생각하지 않으며, 능력은 오로지 개인의 실력과 노력을 통해 성취된 것이라고 주장한다.

그러나 이러한 재능과 노력 개념에 대해 평등주의자들은 오랫동안 의문을 제기해 왔다. 특히 운 평등주의자들은 개인의 재능은 운 좋게도 선천적으로 주어지거나 부모로부터 유전적 영향으로 물려받은 경우가 많다고 비판하였다. 또한 재능과 이를 통한 성취는 시대나 사회적 환경에 따라 달라질 수 있다. 재능은 개인적 차원에서 결정되는 것이 아니라 사회적, 제도적 환경에 의해 정해지는 것이기에, 능력주의자들이 철저히 개인적인 것이라고 여기는 재능은 운과 같이 개인이 통제할 수 없는 요인, 비능력적 요인을 포함하며 사회적 맥락과 제도적 환경에 강력한 영향을 받고 있다고 보고, 운 평등주의자들은 우월한 재능으로 인한 불평등은 허용될 수 없다고 강력하게 비판한다.

이러한 능력주의에 대한 하나의 대안으로 '추첨제'가 언급되고 있다. 추첨제의 운영방식은 다양하지만, 기본적으로 추첨은 능력과 상관없이 제비뽑기식으로 직위를 분배하는 것이다. 추첨은 통제될 수 없는 운에 의해 결정되며, 그러한 운에 접근할 기회는 모두에게 동등하게 주어진다는 특징이 있다.

28. 능력주의에 대해 이해한 내용으로 적절하지 않은 것은?

① 개인의 재능은 모두에게 동일하게 주어진 것이 아니다.
② 운과 같이 비능력적 요인에 의한 지위 분배를 정의로운 분배라고 평가하지 않는다.
③ 신분사회로부터의 자유와 해방보다 재능과 노력에 따른 계층 상승이라는 근대적 이념이 강조됨에 따라 능력주의가 탄생하였다.
④ 능력주의는 개인의 재능과 노력에 의한 차등적 분배 및 비례적 보상을 지지한다.
⑤ 능력주의는 모두에게 공정한 기회를 제공할 것을 전제로 개인의 능력에 따라 지위를 분배한다.

29. 추첨제 에 대한 능력주의자와 운 평등주의자의 견해로 가장 적절한 것은?

① 능력주의의 입장에서 추첨제는 모든 사람에게 추첨에 접근할 기회가 동등하게 주어진다는 점에서 정의로운 분배원칙이라 본다.
② 능력주의의 입장에서 추첨제는 선천적으로 주어지거나 부모로부터 유전적 영향으로 물려받은 불평등을 해소함으로써 인생의 출발선을 동등하게 하는 기회의 평등이 이루어지는 제도라고 본다.
③ 운 평등주의 입장에서 추첨제는 운 좋게 선천적으로 주어진 재능과 관계없이 제비뽑기식으로 직위를 분배한다는 점에서 분배 결과와 관계없이 정의로운 분배원칙이라 본다.
④ 운 평등주의 입장에서 운과 같이 개인이 통제할 수 없는 비능력적 요인에 따른 불평등이 심화된다면 추첨제를 부정의한 제도라고 본다.
⑤ 능력주의와 운 평등주의의 입장에서 추첨제는 결과의 평등을 도외시하여 다양성을 확보하지 못한다는 점에서 부정의한 제도라고 본다.

30. 윗글을 바탕으로 〈보기〉의 내용을 이해한 것으로 가장 적절한 것은?

<보 기>

아이리스 영은 능력주의의 대안으로 '자격적합성 정치'를 제안하였다. 자격적합성 정치는 직위를 분배함에 있어 적절한 자격 요건이 무엇인지를 민주적으로 결정하는 것이다. 자격적합성 정치는 직위를 분배함에 있어 자격요건의 결정 주체, 평가방법, 특정 개인이 포함되거나 배제되는지를 주요 쟁점으로 다룬다. 자격적합성 판단 기준들은 이 기준들이 실현하고자 하는 가치 및 목적에 따라야 하고, 명확하고 공적이어야 한다. 또한 이 판단 기준들은 명시적, 묵시적으로 어떤 사회집단도 배제해서는 안 되며, 직위를 놓고 경쟁하는 모든 후보자들은 공개적으로 알려진 공식 절차에 따라 철저한 검토를 거쳐야 한다. 단, 특정한 사회적 지위 또는 특정한 개인적 속성을 갖는 사람들을 우대하는 것은 억압을 약화시키거나 차별을 배상하려는 목적에서는 허용될 수 있지만, 특권을 강화하려는 목적에서는 결코 허용될 수 없다.

① 능력주의자와 달리 영은 특정한 기준에 따른 직위 분배를 부정한다.
② 능력주의자와 달리 영은 모든 사람에게 직위에 필요한 역량에 대한 교육의 기회가 보장될 필요가 없다고 본다.
③ 능력주의자와 마찬가지로 영은 직위를 분배함에 있어 적절한 자격 요건이 무엇인지를 민주적으로 결정해야 한다고 본다.
④ 능력주의자와 마찬가지로 영은 직위 경쟁에서 공개적 절차를 통해 가장 능력이 뛰어난 사람만을 선발해야 한다고 본다.
⑤ 능력주의자와 마찬가지로 영은 계급, 인종, 종교와 같은 특징에 근거하여 고용이나 승진이 결정되어서는 안되는 경우가 있다고 본다.

로스쿨을 향한 자아실현에
효율적이고 신뢰할 수 있는 지원체계
시대인재 LEET

논리적 사고를 훈련하는 완벽한 도구, SDIJ LEET CONTENTS SYSTEM

BRIDGE 브릿지

최단 시간 최대 학습효과의 콘텐츠

테마별 주요 12문항을
1세트 모의고사로 구성

총 24세트

Extension 익스텐션

기출 학습의 가장 효과적인 연장선

기출 로직을 낯선 창작 문항에 불어넣은
새로운 형태의 기출 접근서

언어이해 2권 / 추리논증 7권

ATG 엣지

시대인재 최상의 실전 개념서

테마별 핵심 골격부터
정밀한 실전개념 구조 접근

추리논증 3권

대단위 기획
시대인재 서바이벌 FINAL 모의고사

메이저 로스쿨 목표 학생을 위한 2025 전 문항 신규 창작

총 13회차

한 차원 다른 강의, SDIJ LEET 교수진

검증된 언어이해 1위*
언어이해 이원준

Total care 언어이해
언어이해 김동규

RAINMAKER
추리논증 김재형

로스쿨 면접 1위**
면접 황정현

전지적 출제자 시점
언어이해 조은정

3분 kill 추리논증 지름길
추리논증 박수민

시험 당일 적용되는 고득점 방법론
추리논증 조정환

*M사 언어이해 14년 연속 1위 (2011-24.07, M사 언어이해 온라인 단강좌 매출 건수 기준)
** 로스쿨 면접 교재 판매량 1위 : 2025년 1월 온라인 서점 내 '로스쿨 면접' 으로 검색 시 판매량 1위

2026학년도 시대인재 LEET 장학혜택

LEET 본고사 평균 백분위 96 이상 득점자 중
SKY 로스쿨 최종 등록생 : **200만원** / 인서울 로스쿨 최종 등록생 : **100만원**

대상자격 확인하기

고난도 기출문제와
시대인재 콘텐츠를 통한 실전력 향상

시대인재 LEET 시즌 2

시대인재 LEET 서바이벌 SYSTEM

시즌 1
LEET 기출을 통한
학습 원리 이해 및 이론 구조 파악

BRIDGE 브릿지
Extension 익스텐션

시즌 2
고난도 기출문제와 기출변형 문항을
통한 실전력 향상

BRIDGE 브릿지
Extension 익스텐션
ATG 엣지
REET 뤼트

시즌 3
서바이벌 모의고사를
통한 실력완성 및 최종점검

SURVIVAL 서바이벌
ATG 엣지
Ontology 온톨로지

시대인재 LEET 시즌 2 수업 SYSTEM

각 교수 개인별 정규 커리큘럼 진행

고난도 기출 /유사 기출 연습
○ 가장 최근 기출문제 풀이를 통한 최신 출제 트렌드 파악
○ PSAT과 같은 유사 기출을 통한 실전력 연습

실전전략 학습
○ 유형별 취약점 해결 전략 제시
○ 실전 적용 전략을 미시적 /거시적으로 밀도 있게 전수

시대인재 LEET 콘텐츠 병행 진행

BRIDGE 브릿지
○ 최단 시간 최대 학습효과의 콘텐츠
○ 테마별 주요 12문항을
1세트 모의고사로 구성 (매주 2SET)

Extension 익스텐션
○ 기출 학습의 가장 효과적인 연장선
○ 기출 로직을 낯선 창작 문항에 불어넣은
새로운 형태의 기출 접근서

ATG 엣지 (추리논증)
○ 시대인재 최상의 실전 개념서
○ 테마별 핵심 골격부터 정밀한 실전개념
구조 접근

시대인재 LEET 강남 캠퍼스

02-582-3359

010-6530-2373 (문자전용, 성명 /강좌명)

방문상담 예약하기

2026학년도 LEET 전국모의고사

법률저널X시대인재 공동주관

합격의 지름길, 법률저널X시대인재 LEET 전국모의고사!

총 장학금 1억(100,000,000)원

8세트 모두 100% 신작 문제 구성

지금 도전해 한발 앞선 합격 전략을 세우세요!

2026학년도 LEET 신청 BIG EVENT

혜택 1.
얼리버드 패키지(1~8회차)
파격 할인 이벤트

혜택 2.
장학금 70,000,000원
환급 프로그램
※장학금 시대인재 협찬

혜택 3.
총 30,000,000원
성적 우수 장학금

혜택 4.
다회차 세트 패키지 이벤트

혜택 5.
대학 단체 접수 시 응시료 할인

혜택 6.
온라인 신청자에 문제지 무료 배송

■ 접수 문의
- 개별 접수 및 관련 문의: 02-888-0082 / examlaw1144@naver.com
- 대학 단체 접수 문의: 02-888-0082
- 네이버 카페 문의: https://cafe.naver.com/lecleet

2026학년도 LEET 실전 전국모의고사 일정

회차	일정	접수	비고
제1회 LEET	2025.3.16.(일)	2025.2.25.(화) ~ 2025.3.15.(토)	온·오프 동시 시행
제2회 LEET	2025.4.6.(일)	2025.2.25.(화) ~ 2025.4.5.(토)	* 지방 시험장 제4회부터 운영 - 부산, 대구, 대전, 광주
제3회 LEET	2025.5.11.(일)	2025.2.25.(화) ~ 2025.5.10.(토)	* 시험장소 추후 공지
본고사 원서접수	2025.5.27.(화)~6.5.(목)		내가 원하는 시험장 선택 (접수시 법률저널 LEET 시험장 선택)
제4회 LEET	2025.6.7.(토)	2025.2.25.(화) ~ 2025.6.8.(금)	
제5회 LEET	2025.6.21.(토)	2025.2.25.(화) ~ 2025.6.20.(금)	
제6회 LEET	2025.6.28.(토)	2025.2.25.(화) ~ 2025.6.27.(금)	
본시험 수험표 교부	2025.7.1.(화)~7.20.(일)		법학적성시험 접수페이지
제7회 LEET	2025.7.5.(토)	2025.2.25.(화) ~ 2025.7.4.(금)	
제8회 LEET	2025.7.12.(토)	2025.2.25.(화) ~ 2025.7.12.(토)	
본고사 시험일	2025.7.20.(일)		서울 등 9개 시험지구서 시행

시험시간 및 시험과목

구분	시간	문항 수	비고
수험생 입실완료	08:30까지		09:00부터 건물통제 및 입실불가
1교시 언어이해	09:00 ~ 10:10 (70분)	30문항	5지선다형
휴식	10:10 ~ 10:40 (30분)		
2교시 추리논증	10:45 ~ 12:50 (125분)	40문항	5지선다형
점심	12:50 ~ 13:50 (60분)		
3교시 논술	14:00 ~ 15:50 (110분)	2문항	서답형, 모범답안과 해설 제공

※ 논술은 제8회(7월 12일) 시험에만 시행하며, 논술의 경우 채점을 하지 않고 시험 종료 후 모범 답안을 해설과 함께 제공함. 논술은 모두 사례형으로 출제되며 대학의 현직 교수가 출제함.

■ 시험장소

지역		시험장소
서울	중구	한양공업고등학교
		성동고등학교
	서초구	경기고등학교
		경원중학교
	송파구	가원중학교
		방이중학교
	용산구	용산고등학교
	영등포구	여의도고등학교
	성동구	동마중학교
	동작구	사당중학교
부산		추후 확정
대구		추후 확정
광주		추후 확정
대전		추후 확정

제2교시

2026학년도 법학적성시험 대비 LEET 모의고사(제1회)

추리논증

성 명		수험 번호						

《수험생 유의사항》

- 이 문제지는 40문항으로 구성되어 있습니다.
- **시험 시간은 10:45 ~ 12:50(125분)입니다.**
- 문제지에 성명과 수험 번호를 정확하게 기재하십시오.
- 답안지는 반드시 컴퓨터용 사인펜을 사용하여 답을 표기하여야 합니다.
- 교시란은 해당 교시를 정확하게 표기해야 합니다.

《정답공개 및 이의제기 안내》

1. 정답·해설지 배부 및 최종정답 공개
   - 16일 2교시 종료 후 1·2교시 정답 및 해설지 배부
   - 최종정답: 3월 19일(수) 네이버 법률저널 LEET 카페에 공지
2. 이의제기 안내
   - 본 시험 종료 후 네이버 법률저널 LEET 카페(cafe.naver.com/lecleet)에서 '이의제기 신청 게시판'에 양식에 맞춰 제출해 주세요.
   - 이의제기 기간: 3월 17일(월) 오후 2시까지
3. 성적확인 안내
   - 각 영역별 성적통계는 3월 21일(금) 네이버 법률저널 LEET 카페에 공지
   - 개인 성적은 3월 20일(목) 오후 5시 이후 네이버 법률저널 LEET 카페 〉모의고사 신청 배너 클릭 〉성적확인 클릭
4. LEET 모의고사 일정
   - 제2회 : 2025.4.6. 제3회 : 2025.5.11. 제4회 : 2025.6.7. 제5회 : 2025.6.21.
     제6회 : 2025.6.28. 제7회 : 2025.7.5. 제8회 : 2025.7.12. (※ 음영은 시대인재 출제)
5. 매회 격려장학금 지급 / 성적 우수 장학생 – 제4회~제8회차 모두 현장 응시한 시험(논술제외)의 표준점수 성적순으로 산정

법률저널 x 시대인재
(출제기관 : 법률저널)

2026학년도 법학적성시험

제2교시 추리논증

짝수형

○ 이 문제지는 40문항으로 구성되어 있습니다. 문항 수를 확인하십시오.
○ 문제지의 해당란에 성명과 수험 번호를 정확히 쓰십시오.
○ 답안지에 수험번호, 문제유형, 성명, 답을 표기할 때에는 '답안 작성 시 반드시 지켜야 하는 사항'에 따라 표기하십시오.
○ 답안지의 '필적확인란'에 해당 문구를 정자로 기재하십시오.

---

1. 다음 논쟁에 대한 분석으로 옳은 것만을 〈보기〉에서 있는 대로 고른 것은?

> X국은 국가배상 제도를 시행하는데, 공무원이 직무를 집행하면서 고의 또는 과실로 법령을 위반하여 타인에게 손해를 입힌 경우 국가는 그 손해를 배상하되, 공무원이 고의로 손해를 입힌 경우 공무원의 책임은 면제되지 않는다고 규정하고 있다. 이때 면제되지 않는 공무원의 책임에 대하여 다음의 논쟁이 있다.
>
> 갑 : 국가가 손해를 배상하였다면 공무원이 대외적인 책임을 질 필요는 없어. 다만 국가와의 임용 관계에서 징계 등의 책임을 질 뿐이지. 그래야 공무원의 직무 집행이 원활하게 이루어질 수 있어.
> 을 : 나는 생각이 달라. 면제되지 않는 공무원의 책임에는 대외적으로 손해를 배상할 책임이 포함되기 때문에, 손해를 입은 사람은 공무원에게 직접 배상을 청구할 수 있다고 보아야 해. 그래야 공무원의 위법한 직무 수행을 방지할 수 있지.
> 병 : 그렇다고 해도 공무원이 직접 대외적인 배상 책임을 지는 것은 바람직하지 않아. 다만, 국가는 징계를 할 수 있을 뿐만 아니라 그 배상액의 전부나 일부를 공무원에게 청구할 수 있어.

—〈보 기〉—
ㄱ. 경제적 부담 능력이 부족한 공무원에게 직무 집행으로 인한 금전적 책임이 발생할 수 있는 경우 그 직무 집행이 위축될 수 있다는 사실이 알려진다면 갑의 견해는 강화된다.
ㄴ. 공무원의 직무 집행으로 인한 금전적 책임이 면제되는 경우 공무원의 과실이 발생할 확률이 높아진다는 사실이 알려진다면 을의 견해는 강화된다.
ㄷ. 국민이 국가배상을 청구할 수 있는 대상이 국가로 제한되는 경우 배상이 충분히 이루어지지 않는다는 사실이 알려진다면 병의 견해는 강화된다.

① ㄱ   ② ㄷ   ③ ㄱ, ㄴ
④ ㄴ, ㄷ   ⑤ ㄱ, ㄴ, ㄷ

---

2. 다음 논쟁에 대한 분석으로 옳은 것만을 〈보기〉에서 있는 대로 고른 것은?

> X국의 영화 입장권 부과금은 영화를 관람하는 관람객에게 관람료의 일정 비율로 부과되는 금액인데, 이는 영화발전기금의 재원으로 활용된다. 그런데 영화 관람객이 지속적으로 감소함에 따라 관람객의 관람료 부담을 낮추고 관람객을 유치하고자 영화 입장권 부과금을 폐지하고 이에 따른 기금 감소액만큼을 국가 예산으로 지원하도록 하는 법안이 국회에 제출되었다. 이에 대해 다음의 논쟁이 있다.
>
> 갑 : 영화발전기금 감소액은 국가 예산으로 지원되므로 독립영화 제작이나 지역의 소규모 극장 운영에는 악영향이 없고 오히려 안정적인 지원이 가능해. 또한, 관람료 부담 완화로 관람객이 증가하면 영화 산업은 더욱 활성화될 수 있을 거야.
> 을 : 예산은 기금에 비해 정치적인 영향을 많이 받을 수밖에 없어. 그래서 독립 영화나 지역 극장 지원이 앞으로 감소할 수 있다는 점을 생각해야 해. 게다가 영화 입장권 부과금을 폐지하더라도 관람객의 관람료 부담이 낮아진다는 보장도 없어.

—〈보 기〉—
ㄱ. 국가 예산으로 영화 발전 사업을 지원하는 경우, 경제적 효과가 큰 상업 영화 홍보에 사용될 가능성이 높다면 갑의 견해는 강화된다.
ㄴ. 영화 입장권 부과금이 폐지되더라도 극장이 그 금액만큼의 관람료 인상을 실시한다면 을의 견해는 강화된다.
ㄷ. 설문조사 결과 영화 입장권 부과금만큼의 관람료 인하가 이루어지는 경우 영화를 관람할 의향이 높아진다고 응답한 사람이 다수였다면 을의 견해는 약화된다.

① ㄱ   ② ㄴ   ③ ㄱ, ㄷ
④ ㄴ, ㄷ   ⑤ ㄱ, ㄴ, ㄷ

3. 다음으로부터 추론한 것으로 옳은 것만을 <보기>에서 있는 대로 고른 것은?

X국 정부는 부당한 가격 차별을 하는 경우 시장 질서가 교란될 수 있으므로 이러한 행위를 규제한다. 이때, 위법성 여부는 판매자의 시장 점유율 등 시장의 상황, 규제로 인해 발생하는 역효과 등을 종합적으로 고려하여 판단한다.

X국 정부는 구체적으로 가격 차별의 위법성을 판단하는 기준을 제시하면서, 판매자의 시장 점유율이 10퍼센트 이하이거나, 가격을 차별함으로써 지불 능력이 낮은 소비자의 후생이 증가하였거나, 가격 차별이 비용의 차이를 반영한 결과인 경우에는 위법하지 않은 것으로 보겠다고 공표하였다.

X국의 교통공사 A, 회사 B, 전력공사 D는 판매 대상에 따라 동일한 제품이나 서비스를 제공하더라도 이를 다른 가격에 제공하는 가격 차별을 실시하고 있다. 이에 대해 X국 정부가 위법성 여부를 판단하고자 한다.

<보 기>

ㄱ. 교통공사 A가 노인, 아동 및 청소년에게 적절한 대중교통 서비스 제공을 위하여 탑승료를 그 외 성인보다 낮은 가격에 책정하였다면, X국 정부는 이러한 가격 차별이 위법하지 않다고 평가할 것이다.

ㄴ. 제품 G를 만들기 위한 원료 H를 판매하는 회사 B가 G 시장 점유율이 7%인 자회사 C에게 저가에 원료 H를 판매하였다면, X국 정부는 이러한 가격 차별이 위법하지 않다고 평가할 것이다.

ㄷ. 전력공사 D가 송전 설비를 추가로 설치해야 하는 도서 지역에 더 비싼 가격에 전기를 공급하였다면, X국 정부는 이러한 가격 차별이 위법하지 않다고 평가할 것이다.

① ㄱ　　② ㄴ　　③ ㄱ, ㄷ
④ ㄴ, ㄷ　　⑤ ㄱ, ㄴ, ㄷ

4. 다음 [규칙]을 적용한 것으로 옳은 것은?

[규칙]
(1) 영주 또는 그 배우자를 살해하거나, 영주에게 상해를 입힌 농노와 그 배우자는 사형에 처한다.
(2) 영주의 자녀를 살해한 농노는 사형에 처하고, 그 배우자는 벌금으로 은화 500닢을 납부한다.
(3) 영주의 배우자 또는 자녀에게 상해를 입힌 농노는 벌금으로 은화 300닢을 납부한다.
(4) 영주의 배우자 또는 자녀가 농노를 살해한 경우 그 배우자에게 은화 250닢을 배상한다.
(5) 영주의 배우자 또는 자녀가 농노에게 상해를 입힌 경우 은화 150닢을 배상한다.
(6) (4)나 (5)에 따른 배상 시 배상을 받을 자가 사망하였다면 그 배우자에게, 배우자가 이미 사망하였고 자녀가 있는 경우에는 그 자녀에게 배상한다. 자녀가 여럿인 경우 동일하게 배분하여 지급한다.
(7) 사형에 처한 농노에게 사면이 선포되는 경우, 사형을 면하고 그 배우자가 내야 할 벌금만큼의 벌금을 추가로 납부한다. 다만, 배우자도 사형에 처한 경우 모두 사형을 면하고 각각 벌금으로 은화 700닢을 납부한다.
(8) 벌금이나 배상금이 여러 번 발생하는 경우 이를 모두 더한다. 납부할 벌금과 받을 배상금이 모두 있는 경우 그 차이만큼만 벌금을 납부하거나 배상금을 받는다.

① 영주가 농노와 그 배우자에게 상해를 입힌 경우 영주는 총 은화 300닢을 배상한다.
② 영주의 자녀와 농노가 다투어 서로 상해를 입힌 경우 농노는 벌금으로 은화 300닢을 납부한다.
③ 영주의 자녀를 살해한 농노에게 사면이 선포되는 경우, 농노와 배우자가 납부할 벌금은 총 1,400닢이다.
④ 영주의 배우자가 농노를 살해한 경우, 농노의 배우자가 이미 사망하였고 농노에게 두 명의 자녀가 있다면 한 명의 자녀가 받을 배상금은 250닢이다.
⑤ 농노가 영주의 자녀를 살해하고 영주의 배우자는 농노에게 상해를 입힌 경우, 배상 전에 사형이 집행되었다면 농노의 배우자가 낼 벌금은 350닢이다.

5. ⟨견해⟩에 대한 분석으로 옳은 것만을 ⟨보기⟩에서 있는 대로 고른 것은?

일반적으로 시장 가격은 판매자가 자율적으로 결정하여야 하고, 정부가 가격 결정에 직접 개입하는 것은 바람직하지 않은 것으로 여겨진다. 그러나 정부의 개입이 정당화되는 특수한 상황에 대하여 다음의 ⟨견해⟩가 있다.

⟨견해⟩
A: 생활에 필수적이거나 공공성이 큰 물품 및 서비스의 가격이 지나치게 오를 것으로 예상되는 경우 정부는 가격 결정에 직접 개입할 수 있다. 예를 들어 특정 지역에 재난이 발생하여 생필품의 수요가 급격히 증가하거나, 특정 장소나 시기에 수요가 집중되는 것이 예상되는 경우 정부의 개입이 정당화된다.

B: 정부의 가격 개입은 독점의 폐해를 방지하기 위한 개입인 경우 가능하다. 한 기업이 제품이나 서비스의 공급을 독점하는 경우 가격을 지나치게 높게 설정하여 소비자에게 손해를 입힐 수 있다. 따라서 정부는 가격을 통제하여 더 많은 기업이 사회적 잉여를 창출하도록 하여야 한다. 다만, 가격을 통제하는 경우 사회적 잉여가 오히려 감소한다면 이는 정당화될 수 없다.

―⟨보 기⟩―
ㄱ. 태풍으로 이재민이 다수 발생한 지역에서 쌀, 생수 등을 비싸게 판매하는 것을 금지하는 것은 A에 의해서는 정당화되고 B에 의해서는 정당화되지 않는다.
ㄴ. 철도 서비스를 독점적으로 제공하는 공기업 K가 명절 기간 탑승료를 인상하는 것을 금지하는 것은 A에 의해서든 B에 의해서든 정당화된다.
ㄷ. 가스를 독점적으로 공급하는 공기업 L에 대한 정부 가격 통제로 인해 사업을 영위할 수 없는 수준에 가격이 설정되는 경우 이는 A에 의해서든 B에 의해서든 정당화되지 않는다.

① ㄱ　　② ㄴ　　③ ㄱ, ㄷ
④ ㄴ, ㄷ　　⑤ ㄱ, ㄴ, ㄷ

6. 다음 글에 대한 분석으로 옳은 것만을 ⟨보기⟩에서 있는 대로 고른 것은?

X국 세법은 특정한 기준을 만족하는 주택을 고급주택으로 취급하여 취득세를 일반 주택보다 중과하도록 정하고 있다. 현행 X국 세법에 따르면, 고급주택은 면적이 330㎡ 이상이면서 공시가격이 10억 원 이상인 주택을 말한다. 일반 주택의 취득세액은 공시가격의 3%이고, 고급주택의 취득세액은 공시가격의 12%이다.

이와 관련하여 도심 지역의 초고가 주택은 고급주택에 포함되지 않지만 비도심 지역의 대형 주택은 고급주택에 포함되는 것에 대해 형평성 문제가 제기되었다. 이에 고급주택의 범위를 변경하는 법안이 다음과 같이 국회에 제출되었다.

⟨제1안⟩
제○조 '고급주택'이란 공시가격이 25억 원 이상인 주택을 말한다.

⟨제2안⟩
제○조 '고급주택'이란 면적이 330㎡ 이상이면서 공시가격이 10억 원 이상이거나, 공시가격이 40억 원 이상인 주택을 말한다.

⟨제3안⟩
제○조 '고급주택'이란 공시가격이 50억 원 이상이거나, 면적이 200㎡ 이상 330㎡ 미만이면서 공시가격이 25억 원 이상이거나, 면적이 330㎡ 이상이면서 공시가격이 10억 원 이상인 주택을 말한다.

―⟨보 기⟩―
ㄱ. 현행법에 따를 때 고급주택에 해당하는 주택은 ⟨제1안⟩에 따르든, ⟨제2안⟩에 따르든 고급주택에 해당한다.
ㄴ. 공시가격이 50억 원인 주택은 ⟨제1안⟩에 따르든, ⟨제2안⟩에 따르든, ⟨제3안⟩에 따르든 고급주택에 해당한다.
ㄷ. 면적이 330㎡이고 공시가격이 10억 원인 주택과 면적이 250㎡이고 공시가격이 30억 원인 주택 중 취득세액이 더 큰 주택은 ⟨제2안⟩에 따를 때와 ⟨제3안⟩에 따를 때가 다르다.

① ㄱ　　② ㄴ　　③ ㄱ, ㄷ
④ ㄴ, ㄷ　　⑤ ㄱ, ㄴ, ㄷ

7. 〔규칙〕을 〈사례〉에 적용한 것으로 옳지 <u>않은</u> 것은?

〔규칙〕
(1) 혼인하면 처(妻)는 부(夫)의 성(姓)을 따른다.
(2) 부부가 모두 동의하는 경우, (1)에도 불구하고 부가 처의 성을 따를 수 있다.
(3) 이혼하는 경우 배우자의 성을 따랐던 사람은 이전의 성을 회복할 수 있다.
(4) 자녀의 성은 다음 규칙을 따른다.
  1. 혼인한 부모의 자녀는 태어나면서 부모의 성을 따른다.
  2. 혼인하지 않았거나, 이혼한 부모의 자녀는 태어나면서 모(母)의 성을 따른다.
  3. 혼인하지 않았거나, 이혼한 부모를 둔 자녀는 본인과 그 양육자가 동의하는 경우, 자녀 본인의 성을 양육자인 부(父) 또는 모(母)의 성으로 변경할 수 있다.
  4. 혼인으로 양육자인 부 또는 모의 성이 변경되는 경우, 자녀도 그 변경된 성을 따른다.

〈사례〉
성이 '김'인 부(夫) 갑과 성이 '박'인 처(妻) 을이 혼인하였다. 혼인 중 갑과 을 사이에 자녀 병이 태어났고, 을이 임신한 상태에서 이혼하여 이혼 후 자녀 정이 태어났다. 이후 갑은 성이 '최'인 무와 혼인하였는데, 무에게는 자녀 기가 있었고 갑과 무의 혼인 전 기의 성은 '박'이 아니었다.

① 기의 성이 '박'일 수 있다.
② 갑이 병과 정을 양육할 때, 병, 정, 기의 성이 모두 '최'일 수 있다.
③ 을이 정을 양육할 때, 갑, 을, 병, 정, 무, 기가 모두 같은 성을 가질 수는 없다.
④ 병과 정의 성이 변경된 적이 없을 때, 병의 성이 '박'이면서 정의 성이 '김'일 수 없다.
⑤ 갑이 정을 양육하면서 정의 성을 변경하고자 할 때, 을의 동의 없이 정의 성을 '박'에서 '김'으로 변경할 수 있다.

8. 다음 논쟁에 대한 분석으로 옳은 것만을 〈보기〉에서 있는 대로 고른 것은?

X국은 질병이나 부상으로 인해 경제활동이 불가능해진 경우, 치료에 집중할 수 있도록 소득을 보조하는 제도인 상병수당을 도입하고자 한다. 상병수당의 재원 및 운영 방식과 관련하여 다음의 논쟁이 있다.

A : 상병수당의 재원을 조세로 마련하여 공공부조의 방식으로 수당을 운영하여야 한다. 안정적 수입이 보장되는 조세를 기반으로 운영하여야 안정적인 운영이 가능하다. 수당은 소득 및 재산을 환산한 환산소득의 합계가 일정 기준에 미치지 못하는 사람에게 집중적으로 지급하되, 근로자와 자영업자를 구별하지 않고 지원해야 한다. 수당은 기존 소득에 관계없이 일정한 금액을 지급하되 최저생활수준을 보장받을 수 있도록 지급액을 결정하여야 한다.

B : 상병수당은 보험료를 기반으로 하여 사회보험의 형태로 운영되어야 한다. 조세로 상병수당을 운영하는 경우 국가부채가 지나치게 증가할 수 있다. 보험료는 근로자와 사용자가 납부하고 소득이 클수록 더 많은 보험료를 납부한다. 근로자는 모두 보험에 가입하고 자영업자는 원하는 경우 보험에 가입할 수 있도록 한다. 모든 보험 가입자에게 수당을 지급하되, 금액은 기존 소득에 비례하도록 정해야 한다.

〈보 기〉
ㄱ. B에 따른 상병수당 지급 대상이 A에 따른 상병수당 지급 대상보다 많다.
ㄴ. B에 따르면 상병수당 지급액이 최저생활수준에 해당하는 소득에 미치지 못할 수 있다.
ㄷ. 조세에 의한 공공부조 방식으로 상병수당을 운영한 다른 국가들이 상병수당 지급에 따른 재정 부족에 직면하여 수당 지급 규모를 감소시켰다는 사실은 A를 약화하고 B를 강화한다.

① ㄱ ② ㄷ ③ ㄱ, ㄴ
④ ㄴ, ㄷ ⑤ ㄱ, ㄴ, ㄷ

9. 다음으로부터 〈사례〉를 판단한 것으로 옳은 것만을 〈보기〉에서 있는 대로 고른 것은?

A국, B국, C국 세 나라는 각 국의 국민이 다른 나라에서 범죄를 저지른 경우의 처벌에 관하여 조약을 체결하려고 한다. 조약의 내용 중 재판권이 어느 국가에 있는지, 처벌 여부와 수준을 결정할 때 어느 국가의 법을 따를지, 벌금을 어느 국가에 납부하여야 하는지에 관하여 견해가 대립하고 있다.
먼저, 재판권이 ㉠범죄가 발생한 국가에 있다는 견해와 ㉡범죄자의 본국에 있다는 견해가 대립한다. 처벌 여부와 수준에 대해 ㉢범죄가 발생한 국가의 법을 따라야 한다는 견해, ㉣범죄자의 본국의 법을 따라야 한다는 견해, ㉤둘 중 더 중한 처벌을 하는 국가의 법을 따라야 한다는 견해가 대립한다. 벌금 납부와 관련하여서는 ㉥재판권이 있는 국가에 납부하여야 한다는 견해와 ㉦범죄가 발생한 국가에 벌금을 납부하되, 납부할 벌금이 범죄가 발생한 국가의 법에 따른 벌금을 초과하는 경우 초과분은 범죄자의 본국에 납부하여야 한다는 견해가 대립한다.

〈사례〉

A국 국민인 갑과 C국 국민인 을은 B국에서 범죄를 저질렀다. 해당 범죄에 대하여 A국은 벌금 50을, B국은 벌금 100을, C국은 벌금 200을 선고하도록 규정하고 있다.

─〈보 기〉─
ㄱ. 갑이 두 국가에 벌금을 납부하게 되는 재판권, 처벌, 벌금에 대한 견해의 조합이 있다.
ㄴ. ㉡, ㉣, ㉥에 따를 때, 갑과 을이 각각 자신의 본국에 납부해야 할 벌금은 같다.
ㄷ. ㉦에 따를 때, 갑과 을이 B국에 납부해야 할 벌금의 합은 최대 200이고 최소 150이다.

① ㄱ ② ㄴ ③ ㄱ, ㄷ
④ ㄴ, ㄷ ⑤ ㄱ, ㄴ, ㄷ

10. 다음 글에 대한 분석으로 옳은 것만을 〈보기〉에서 있는 대로 고른 것은?

X국은 양육에 친화적인 근로 환경을 조성하기 위해 아래 〔규정〕에 따라 공무원의 육아휴직 제도와 육아기 근무시간 단축 제도를 운영하고 있다.

〔규정〕
(1) 육아휴직은 만 8세 이하 자녀를 양육하기 위하여 3년의 범위 안에서 1개월 단위로 사용할 수 있다.
(2) 육아휴직 시작부터 6개월 동안 최근 12개월의 평균 월 보수(이하 '기준 월 보수'라 한다.)의 100분의 100, 7개월째 이후부터 기준 월 보수의 100분의 80을 수당으로 지급한다. 다만, 지급액의 상한은 아래와 같다.
  1개월에서 3개월째 : 250만 원
  4개월에서 6개월째 : 200만 원
  7개월째 이후 : 150만 원
(3) 육아기 근무시간 단축은 만 12세 이하 자녀를 양육하기 위하여 3년의 범위 안에서 1개월 단위로 사용할 수 있다.
(4) 육아기 근무시간 단축을 사용한 경우 주당 근무시간을 40시간에서 30~35시간으로 단축한다. 이때 월 보수는 기준 월 보수에 (주당 근무시간/40)을 곱한 만큼을 지급한다.
(5) 육아기 근무시간 단축 기간 동안 기준 월 보수 대비 감축된 보수의 100분의 80을 수당으로 지급한다. 다만 지급액의 상한은 40만 원이다.
(6) (2)에 따른 수당과 (5)에 따른 수당을 받을 수 있는 기간은 두 기간을 합쳐 총 12개월이다. 다만, 부부가 모두 3개월 이상의 육아휴직을 한 경우 총 18개월까지 수당을 받을 수 있다.

─〈보 기〉─
ㄱ. 기준 월 보수가 240만원인 공무원 갑이 3년 동안 육아휴직을 사용하였을 때 받을 수 있는 수당의 합은 최대 3,120만 원이다.
ㄴ. 기준 월 보수가 320만 원인 공무원 을이 육아휴직은 사용하지 않고, 12개월 동안 육아기 근무시간 단축을 사용하였을 때 받을 수 있는 수당의 합의 최댓값과 최솟값의 차이는 96만 원이다.
ㄷ. 기준 월 보수가 400만 원인 공무원 병이 단독으로 6개월 동안 육아휴직을 사용하고 복직 후 12개월 동안 육아기 근무시간 단축을 사용하여 주당 30시간 근무하였을 때, 18개월 동안 받은 보수와 수당의 합은 5,430만 원이다.

① ㄴ ② ㄷ ③ ㄱ, ㄴ
④ ㄱ, ㄷ ⑤ ㄱ, ㄴ, ㄷ

11. [규정]을 〈사례〉에 적용한 것으로 옳은 것만을 〈보기〉에서 있는 대로 고른 것은?

[규정]
제1조(민간투자사업의 실시) 국가 또는 지방자치단체는 다음 각 호의 어느 하나에 해당하는 사회기반시설의 확충을 위하여 시행자를 지정하여 민간투자사업을 실시할 수 있다.
 1. 도로, 철도, 항만, 공항 등 교통기반시설
 2. 유치원, 학교, 도서관 등 사회서비스기반시설
 3. 공공청사, 체육시설, 휴양시설 등 공용시설 및 공공용시설
제2조(민간투자사업의 시행방식) ① 국가 또는 지방자치단체는 다음 중 어느 하나의 방식을 선택하여 민간투자사업을 실시한다.
 1. 시설운영권 인정 방식
 2. 시설운영수익 분배 방식
 3. 임차료 지급 방식
② 시행자는 사회기반시설이 준공되면 소유권을 국가 또는 지방자치단체에 이전한다.
③ 제1항에도 불구하고 제1조 제2호 및 제3호의 시설을 건설하는 경우에는 제1항 제3호의 방식을 통하여 민간투자사업을 실시하여야 한다.
④ 제1항에도 불구하고 사업 규모가 100억 원을 초과하는 경우 제1항 제2호 또는 제3호의 방식을 통하여 민간투자사업을 실시하여야 한다.
제3조(민간투자사업 시행방식의 변경) 사회기반시설이 준공되기 전까지 국가 또는 지방자치단체와 시행자는 협의하여 민간투자사업 시행방식을 변경할 수 있다. 다만, 사업이 진행 중인 경우에는 제2조 제1항 제1호 또는 제2호에서 제2조 제1항 제3호로 변경하는 경우에만 변경할 수 있다.

〈사례〉
A지방자치단체는 도로와 학교를 건설하기 위하여 민간투자사업을 실시하고자 한다. A지방자치단체는 B회사와 계약하여 시설운영권 인정 방식으로 도로를 건설하고, C회사와 계약하여 임차료 지급 방식으로 학교를 건설하기로 결정하였다.

〈보 기〉
ㄱ. B회사가 수행하는 사업의 규모는 100억 원 이하이다.
ㄴ. B회사는 사업이 진행되는 도중 A지방자치단체와의 협의를 통해 민간투자사업 시행방식을 임차료 지급 방식으로 변경할 수 있다.
ㄷ. C회사는 사업이 시작되기 전 A지방자치단체와의 협의를 통해 민간투자사업 시행방식을 시설운영수익 분배 방식으로 변경할 수 있다.

① ㄱ　　② ㄷ　　③ ㄱ, ㄴ
④ ㄴ, ㄷ　　⑤ ㄱ, ㄴ, ㄷ

12. [규정]을 〈사례〉에 적용한 것으로 옳은 것만을 〈보기〉에서 있는 대로 고른 것은?

[규정]
(1) 지방자치단체의 장은 지방의회의 의결이 월권이거나 법령에 위반되거나 공익을 현저히 해친다고 인정되면 그 의결사항을 이송받은 날부터 20일 이내에 이유를 붙여 재의를 요구할 수 있다.
(2) (1)의 요구에 대하여 재의한 결과 재적의원 과반수의 출석과 출석의원 3분의 2 이상의 찬성으로 전과 같은 의결을 하면 그 의결사항은 확정된다.
(3) 지방자치단체의 장은 (2)에 따라 재의결된 사항이 법령에 위반된다고 인정되면 대법원에 소(訴)를 제기할 수 있다.

〈사례〉
A정당에는 X시 시장 갑과 X시의회 의원 16명이 소속되어 있고, B정당에는 X시의회 의원 29명이 소속되어 있다. X시의회 의원은 모두 A정당 또는 B정당에 소속되어 있다. X시의회는 B정당 소속 의원들만의 찬성으로 조례안 P를 가결시켰다. 갑은 조례안 P가 공익을 현저히 해친다는 이유로 재의를 요구하였다. 조례안 P에 대하여 A정당 소속 의원은 모두 반대 의견을, B정당 소속 의원은 모두 찬성 의견을 가지고 있고 재의 표결에 참여하여 그 의견을 표시하고자 한다.

〈보 기〉
ㄱ. A정당 의원 한 명이 재의 표결에 불참할 경우 조례안 P는 확정될 수 있다.
ㄴ. A정당 의원 한 명이 찬성 의견으로 선회할 경우 조례안 P는 확정될 수 있다.
ㄷ. 조례안 P가 확정될 경우 갑은 대법원에 조례안 P에 대한 소를 제기할 수 있다.

① ㄱ　　② ㄴ　　③ ㄱ, ㄷ
④ ㄴ, ㄷ　　⑤ ㄱ, ㄴ, ㄷ

13. 다음으로부터 〈사례〉를 판단한 것으로 옳은 것만을 〈보기〉에서 있는 대로 고른 것은?

X국 법에 따르면 다른 사람에게 하여금 범죄를 저지르도록 교사한 사람은 교사범으로서 그 범죄를 실행한 사람과 동일한 죄목으로 처벌한다. 교사범은 원칙적으로 범죄를 저지를 의사가 없는 사람에게 범죄를 저지르도록 교사한 사람을 말하고, 범죄를 저지를 의사가 있었던 사람에 교사한 경우 교사범이 아닌 방조범으로서 감경하여 처벌할 수 있을 뿐이다. 다만, 원래 의도보다 무거운 동종의 범죄를 교사한 경우 처벌에 대하여 견해가 대립한다.

A : 원래 의사보다 무거운 동종의 범죄를 교사한 경우, 무거운 범죄 전체를 교사한 것으로 취급하여야 한다.
B : 원래 의사보다 무거운 동종의 범죄를 교사한 경우, 원래 범죄 의도가 존재하였던 점을 고려하여 무거운 범죄를 방조하였으면서 원래 의사에 해당하는 범죄를 교사한 것으로 보고 둘 중 무거운 형으로 처벌하여야 한다.

한편, X국 법은 특정한 범죄에 대하여 범죄를 시도하였으나 실제로 성공하지 못한 경우 예비음모죄로 처벌하도록 규정하고 있는데, 예비음모죄를 저지른 사람에게 교사한 사람은 교사범으로 처벌하나 이를 방조한 사람은 처벌하지 않는다.

〈사례〉

갑과 을은 X국 국민이다. 갑은 절도의 의사를 가지고 있었던 을에게 더 무거운 동종의 범죄인 강도를 저지르도록 교사하였다. X국 법은 강도 예비음모죄를 처벌하도록 규정한다.

〈보 기〉

ㄱ. 견해 A에 따르면 을이 강도를 저질렀을 때, 갑은 강도죄로 처벌받는다.
ㄴ. 견해 A에 따르면 을이 강도를 시도하였으나 성공하지 못하였을 때, 갑은 절도죄로 처벌받는다.
ㄷ. 견해 B에 따르면 을이 절도와 강도를 시도하였으나 모두 성공하지 못하였을 때, 갑은 강도 예비음모죄와 절도죄 중 무거운 형으로 처벌받는다.

① ㄱ   ② ㄴ   ③ ㄱ, ㄷ
④ ㄴ, ㄷ   ⑤ ㄱ, ㄴ, ㄷ

14. 다음 논쟁에 대한 분석으로 옳은 것만을 〈보기〉에서 있는 대로 고른 것은?

인간에게 해를 끼치는 행위는 도덕적으로 옳지 않은 것으로 받아들여지나, 동물에게 해를 끼치는 행위가 도덕적으로 옳지 않은지 대해서는 여러 의견이 있다. 이와 관련하여 다음의 논쟁이 있다.

갑 : 고통을 느낄 수 있는 존재에게 해를 끼치는 것은 부도덕하지만, 동물은 진정한 쾌락과 고통을 느낄 수 없어. 동물에게 상처를 입혔을 때 고통을 느끼는 것처럼 보이는 것은 단지 생물학적인 반사 행동일 뿐이야. 따라서 동물에게 해를 끼치는 행위를 도덕적으로 비난할 수 없어.
을 : 동물은 인간과 달리 이성 능력과 도덕적 능력을 가지지 못하였으므로 인간과 동일하게 대우할 필요는 없어. 따라서 동물에게 해를 끼치는 행위 자체가 도덕적으로 옳지 않은 것은 아니야. 하지만 동물을 잔혹하게 학대하는 행위는 인간의 품위를 손상시키고 다른 인간에게 혐오감을 불러일으키기 때문에 이는 도덕적으로 옳지 못해.
병 : 동물 역시 인간과 동일하게 고통을 느낄 수 있을 뿐만 아니라, 나름대로의 지능과 문화를 가질 수 있어. 일정 수준 이상의 지능이나 문화를 가진 존재에게 해를 끼치는 행위는 그 자체로서 부도덕하다고 보아야 해.

〈보 기〉

ㄱ. 전염병의 예방을 위하여 해충을 방제하는 행위가 도덕적으로 옳지 않은지에 대하여 갑과 을의 판단이 일치한다.
ㄴ. 인간 수준의 지능을 갖고 인간과 동일하게 고통을 느낄 수 있는 로봇에게 해를 끼치는 행위가 도덕적으로 옳지 않은지에 대하여 갑과 병의 판단이 일치하지 않는다.
ㄷ. 나름의 문화를 갖는다는 것이 알려진 생쥐를 마취 후 고통 없이 죽이는 등 실험 윤리를 지키면서 실험에 이용하는 행위가 도덕적으로 옳지 않은지에 대하여 을과 병의 판단이 일치한다.

① ㄱ   ② ㄷ   ③ ㄱ, ㄴ
④ ㄴ, ㄷ   ⑤ ㄱ, ㄴ, ㄷ

15. 다음으로부터 추론한 것으로 옳은 것만을 〈보기〉에서 있는 대로 고른 것은?

한국어 화자는 일반적으로 '반발'이라는 단어에 포함된 두 ㅂ을 동일한 소리라고 인식한다. 그러나 다른 언어를 쓰는 화자에게 두 ㅂ은 다른 소리로 인지될 수도 있다. '음소'란 말의 뜻을 구별하여 주는 최소의 언어단위로서, 사용하는 언어에 따라 두 가지 음성을 같은 음소로 인지할 수도 있고 다른 음소로 인지할 수도 있다.

예를 들어, 한국어 화자에게 '불'과 '풀'은 의미적으로 구별되므로 ㅂ, ㅍ은 서로 다른 음소이다. 한편, 영어 화자에게 'bay'와 'pay'는 의미적으로 구별되므로 b와 p는 서로 다른 음소라고 할 수 있다. 그러나 두 사람이 두 음소를 구별하는 기준은 다르다. 한국어 화자는 두 음성을 예사소리인지 거센소리인지, 달리 말해 기식이 없는지 있는지를 기준으로 구별하고, 영어 화자는 두 음성을 유성음인지 무성음인지, 즉 울림이 있는지 없는지를 기준으로 구별한다. 따라서 한국어 화자에게 둘 다 ㅂ으로 인지되는 소리가 영어 화자에게는 서로 다른 소리로 인지될 수 있다.

한국어에서 모음과 ㄴ, ㄹ, ㅁ, ㅇ은 언제나 유성음으로 발음되고, ㄱ, ㄷ, ㅂ, ㅈ은 모음이나 ㄴ, ㄹ, ㅁ, ㅇ의 사이에서는 유성음으로, 그렇지 않은 경우에는 무성음으로 발음된다. 앞에서 살폈던 '반발'이라는 단어를 보면 앞 ㅂ은 앞에 유성음이 없어 무성음으로 발음되고, 뒤 ㅂ은 앞뒤로 유성음이 있어 유성음으로 발음된다. 반면 영어 화자는 앞 ㅂ은 p로, 뒤의 ㅂ은 b로 인지한다.

흥미로운 사실은 아기는 태어나면서 매우 다양한 음성을 음소로서 구분할 수 있는 능력을 지니지만, 언어를 습득하면서 점차 몇 가지 음성을 하나의 음소로 통합하여 인지한다는 점이다. 아기에게 반복되는 음성을 들려주다가 다른 음소인 소리를 들려주면 아기가 흥미를 보이는데, 이를 통해 아기의 언어 인지에 대해 살펴보는 실험을 수행할 수 있다. 예를 들어, 한국인 아기에게 무성음 ㅂ을 반복하여 들려주다가 유성음 ㅂ을 들려주면 신생아 때는 흥미를 보이지만, 성장한 아기는 흥미를 보이지 않는 것이다.

〈보 기〉
ㄱ. 영어 화자에게 한국인 화자가 '비빔밥'을 들려주면, 4개의 ㅂ 중 3개를 b로 인식하고 1개를 p로 인식한다.
ㄴ. 영어 화자가 b와 p를 구별하는 기준과 동일한 기준으로 d와 t를 구별한다면, 한국인 화자가 '대담'이라는 단어를 듣고 앞의 ㄷ은 t로, 뒤의 ㄷ은 d로 인지한다.
ㄷ. 예사소리인 p와 거센소리인 p를 각각 p′, p″로 표기한다고 할 때, 한국인 아기는 p′와 p″를 구별하지 못하다가 점차 p′와 p″를 다른 소리로 구별하게 된다.

① ㄱ   ② ㄴ   ③ ㄱ, ㄷ
④ ㄴ, ㄷ   ⑤ ㄱ, ㄴ, ㄷ

16. 〈견해〉에 대한 분석으로 옳은 것만을 〈보기〉에서 있는 대로 고른 것은?

어떤 사회 X에서 건강한 사람의 생활수준을 100이라 하면, 건강하지 않은 사람의 생활수준은 90이고 사망한 사람의 생활수준은 0이다. 이러한 사회 X에서 어떤 행위가 사회를 개선시켰는지 혹은 악화시켰는지를 판단하기 위한 기준에 대해 다음과 같은 〈견해〉가 있다.

〈견해〉
A: 모든 사람의 생활수준이 나빠지지 않았으면서 한 사람 이상의 생활수준을 향상시키는 행위는 사회를 개선시킨다. 모든 사람의 생활수준이 향상되지 않았으면서 한 사람 이상의 생활수준을 나쁘게 만드는 행위는 사회를 악화시킨다.
B: 모든 사람의 생활수준을 합하여 그 합계가 커지게 만드는 행위는 사회를 개선시키고, 그 합계가 작아지게 만드는 행위는 사회를 악화시킨다.
C: 생활수준이 향상된 사람의 수가 생활수준이 나빠진 사람의 수보다 많은 행위는 사회를 개선시키고, 생활수준이 향상된 사람의 수가 생활수준이 나빠진 사람의 수보다 적은 행위는 사회를 악화시킨다.

〈보 기〉
ㄱ. 한 명의 건강하지 않은 사람을 죽이지 않고 그 장기를 이식하여 다른 두 명의 건강하지 않은 사람이 건강해졌다면, 이 행위는 A에 따르든 B에 따르든 사회를 개선시킨 행위이다.
ㄴ. 한 명의 건강한 사람을 죽이고 그 장기를 이식하여 건강하지 않은 사람 아홉 명이 건강해졌다면, 이 행위는 B에 따르든 C에 따르든 사회를 개선시킨 행위가 아니다.
ㄷ. 한 명의 사망한 사람의 장기를 이식하여 건강하지 않은 사람 한 명이 건강해졌다면, 이 행위는 A, B, C 어느 견해에 따르든 사회를 개선시킨 행위이다.

① ㄴ   ② ㄷ   ③ ㄱ, ㄴ
④ ㄱ, ㄷ   ⑤ ㄱ, ㄴ, ㄷ

17. 다음으로부터 추론한 것으로 옳은 것만을 〈보기〉에서 있는 대로 고른 것은?

인과관계를 파악하는 일은 법적인 판단을 할 때 매우 중요하다. 어떤 행위가 결과를 야기시켰는지 판단할 수 있어야 그 행위에 대한 책임을 귀속시킬 수 있기 때문이다.

인과관계를 바라보는 하나의 견해는 ㉠조건설이다. 조건설에 따르면, A라는 행위가 없었을 때 B라는 결과가 나타나지 않았다면 A는 B의 원인이 된다. 예를 들어 비가 내려 땅이 젖었다고 한다면, 비가 내리지 않았을 경우 땅이 젖지 않았을 것이므로 비가 내린 것이 땅이 젖은 것의 원인이 된다는 것이다.

그러나 이러한 조건설은 받아들이기 힘든 결론을 도출시킨다. 예를 들어, 갑이라는 사람이 을이라는 사람을 살해하였을 때, 갑의 부모가 갑을 낳지 않았으면 을이 살해되지 않았을 것이므로 갑의 부모가 갑을 낳은 행위가 을이 살해된 원인이 된다는 것이다.

인과관계에 대한 다른 입장은 A라는 행위와 B라는 결과가 있을 때, 일상적인 경험에 비추어 A라는 행위로부터 B라는 결과가 발생할 개연성이 상당히 높다면 이를 상당한 인과관계가 있다고 보는 ㉡상당인과관계설이다. 이 견해는 원인이 될 수 있는 조건을 제한함으로써 위 사례에서 갑의 부모가 을의 살인이 원인이 되는 것을 방지할 수 있다.

한편, 병과 정이 무가 마실 음료에 각자 치사량의 독을 넣었고 무가 이를 마셔 사망한 일에 대해 생각해 보자. 조건설에 따르면 병이 음료에 독을 넣지 않았더라도 무는 사망하였을 것이므로 병의 행위는 무의 사망의 원인이 아니다. 반면, 상당인과관계설에 따르면 병이 음료에 치사량의 독을 넣은 행위는 경험에 비추어 무의 사망을 야기할 수 있는 행위이므로 병의 행위가 무의 사망의 원인이 된다고 평가할 것이다.

〈보 기〉

ㄱ. ㉠에 따르면 무수히 많은 조건을 원인으로 파악하게 되는 문제가 발생할 것이다.

ㄴ. ㉡에 따르면 원인에 해당하는 행위가 ㉠에 따르면 원인에 해당하지 않을 수 있다.

ㄷ. 병과 정이 각자 치사량의 1/2에 해당하는 독을 무가 마실 음료에 넣었다면, ㉠에 따르든 ㉡에 따르든 병의 행위는 무의 사망의 원인이 된다.

① ㄱ   ② ㄷ   ③ ㄱ, ㄴ
④ ㄴ, ㄷ   ⑤ ㄱ, ㄴ, ㄷ

18. 다음 글에 대한 분석으로 옳은 것만을 〈보기〉에서 있는 대로 고른 것은?

그라이스는 사람들이 일반적인 상황에서 효과적인 대화를 수행하기 위해 지키는 원리로서 대화의 목적이나 요구에 합치되도록 말한다는 협력의 원리와 이에 따르는 네 가지 대화의 격률을 제시하였다. 이 격률은 대화 시 일반적으로 준수될 것으로 기대되는 규칙으로 질의 격률, 양의 격률, 관련성의 격률, 방법의 격률을 말한다.

먼저 질의 격률이란 대화를 하면서 자신이 거짓이라고 생각하거나 증거가 불충분한 것을 사실인 것처럼 말해서는 안 된다는 것이다. 한편 양의 격률이란 대화를 하면서 대화에 필요한 정보를 딱 필요한 만큼만 제공하라는 것이다.

A가 B에게 "P로 가는 길을 아세요?"라고 물었다고 생각해 보자. B가 길을 알면서 "모릅니다."라고 답한다면 이는 질의 격률을 어긴 것이고, "압니다."라고만 답한다면 이는 양의 격률을 어긴 것이다. 물론, "P로 가려면 앞으로 한 블록을 가서 우회전을 하고 두 블록을 더 가야하는데 우회전할 때 근처에 있는 꽃밭이 예쁘고 그 맞은편 가게는 피자가 맛있어요."라고 말해도 양의 격률을 어긴 것이다.

관련성의 격률이란 대화의 상황과 맥락에 적합한 말을 해야 한다는 것이고, 방법의 격률은 명료하게 말하라는 것, 다시 말해 중의적이거나 장황하거나 돌려 말하는 표현을 피하라는 것이다.

그라이스는 위 격률을 일반적인 대화의 규칙으로 제시하였으나, 때로는 격률을 의도적으로 지키지 않음으로써 문장에서 직접 드러나지 않는 함축적 의미를 전달할 수 있다고 하였다. 예를 들어, "7시에 저녁 먹으러 나갈까?"라는 질문에 "나 지금 배고파."라고 대답했다고 생각해 보자. 이것은 질문에 대한 직접적인 대답이 아니므로 관련성의 격률을 위배한 것이지만 사실은 "지금 저녁을 먹으러 가자."는 의미를 함축하고 있다고 볼 수 있다.

그라이스는 이러한 대답은 협력의 원리를 위배한 것이 아니고, 오히려 서로 원활히 대화하려는 의도가 전제되어 있기 때문에 격률 위반을 자연스럽게 함축으로 받아들이는 것이라고 분석한다.

〈보 기〉

ㄱ. 대화의 격률을 위반한다면 대화에 목적이나 요구에 합치되지 않게 말한 것이다.

ㄴ. 사과를 두 개 먹은 갑이 몇 개의 사과를 먹었는지 묻는 말에 "세 개를 먹었다."고 답한다면 이는 질의 격률을 위반한 것이다.

ㄷ. 중간고사 결과에 관해 묻는 부모님의 질문에 을이 "국어는 잘 봤어요."라고 대답한다면 이는 양의 격률을 위반하여 함축적인 의미를 전달한 것이다.

① ㄱ   ② ㄴ   ③ ㄱ, ㄷ
④ ㄴ, ㄷ   ⑤ ㄱ, ㄴ, ㄷ

19. 다음 논쟁에 대한 분석으로 옳은 것만을 〈보기〉에서 있는 대로 고른 것은?

> 모든 사회에 걸쳐 모든 사람에게 보편적으로 적용되는 도덕 판단의 기준 내지 도덕률이 존재하는지에 대해 다양한 주장이 존재한다. 이와 관련하여 다음의 논쟁이 있다.
>
> 갑: 사회는 각자 나름대로의 도덕률을 가지고 있어. 예를 들어, 에스키모는 노쇠한 부모를 벌판에 유기하는 관습이 있었던 반면 로마인은 노쇠한 부모를 정성으로 모셨지. 에스키모 사회 안에서 부모를 유기하였다고 하여 그를 도덕적으로 비난할 수는 없었을 거야. 이렇게 도덕률은 사회의 문화에 따라 상대적인 것이기 때문에 여러 사회의 도덕률 중에 어느 것이 타당하다고 판단할 수 있는 객관적인 기준은 없고 다른 사회의 도덕률이 좋은지 나쁜지 판단해서는 안 돼.
>
> 을: 내 생각은 달라. 너는 문화적인 차이가 도덕률의 차이와 같은 것이라고 착각하고 있어. 문화적인 차이가 있다고 하더라도 도덕률은 동일하다고 보아야 해. 에스키모 사회는 열악해서 노쇠한 부모가 살아가기에는 너무 고통스러웠기 때문에 일종의 안락사를 택한 것이라고 볼 수 있어. 그러니까 에스키모와 로마인은 모두 부모를 공경한다는 같은 도덕률에서 다른 문화를 갖게 된 것뿐이지. 다시 말해 모든 사회를 관통하는 보편적인 도덕 판단의 기준이 존재한다는 거야.
>
> 병: 여러 사람에게 공통으로 적용되는 도덕률은 애초에 실재하는 것이 아니야. 우리가 도덕적인 판단이라고 생각하는 진술들은 사실 그저 그 행동에 대해 각자가 가지는 감정을 표현한 것일 뿐이지. 예를 들어, "살인을 해서는 안 된다."라는 것은 그저 그 사람이 "나는 살인에 대해 불쾌한 감정을 느낀다."라고 말하는 것과 다름이 없어.

〈보 기〉

ㄱ. "다른 사회의 도덕률에 대해 도덕적으로 판단해서는 안 된다."라는 지침을 받아들이는지 여부가 어떤 사회의 도덕률이 타당한지 판단하는 객관적 기준으로 작용한다면 갑의 견해는 약화된다.
ㄴ. 일부일처제 사회인 X와 일부다처제 사회인 Y에서 각 혼인제도가 모두 아내의 적절한 생존권 보장에 유의미한 관습이었다면 을의 견해는 강화된다.
ㄷ. 뇌 손상으로 감정을 느끼지 못하는 사람이 "도둑질은 나쁘다."라고 판단할 수 있다면 병의 견해는 약화된다.

① ㄱ ② ㄴ ③ ㄱ, ㄷ
④ ㄴ, ㄷ ⑤ ㄱ, ㄴ, ㄷ

20. 〈견해〉에 대한 분석으로 옳은 것만을 〈보기〉에서 있는 대로 고른 것은?

> 철학자 A는 명제의 참과 거짓을 판단함에 있어서 어떤 명제 P가 참이라면 P의 부정은 거짓이어야 한다는 ⊙모순율과 모든 명제는 참 또는 거짓이어야 한다는 ⓒ배중률이 성립하여야 한다고 주장하였다. 이와 관련하여 "현재 한국의 왕은 대머리이다." 또는 "현재 한국의 왕은 대머리가 아니다."라는 명제의 참과 거짓에 대해 다음의 〈견해〉가 있다.

〈견해〉

갑: 현재 한국의 왕은 존재하지 않기 때문에 현재 한국의 왕에 대한 진술은 참일 수 없다. 그러므로 "현재 한국의 왕은 대머리이다."와 "현재 한국의 왕은 대머리가 아니다."는 모두 거짓인 진술이 된다.

을: 현재 한국의 왕이 존재하지 않는 것은 맞지만, 존재하지 않는 것에 대한 진술은 참도 거짓도 아니다. 그러므로 두 문장은 모두 참도 거짓도 아니다.

병: "현재 한국의 왕은 대머리이다."라는 말은 사실 "현재 한국의 왕이면서 대머리인 유일한 존재가 있다."는 의미이고 이는 거짓이다. 반면, "현재 한국의 왕은 대머리가 아니다."라는 말은 "현재 한국의 왕이면서 대머리인 유일한 존재가 있지는 않다."는 말로 이는 참인 명제이다.

〈보 기〉

ㄱ. 갑이 "a가 b이다."라는 문장의 의미를 "a가 존재하고, 그 존재는 b이다."라고 파악하고, "a가 b가 아니다."라는 문장의 의미를 "a가 존재하고, 그 존재는 b가 아니다."라고 파악하였다면 갑의 견해는 ⊙을 위반한 것이 아니다.
ㄴ. 을이 존재하지 않는 것에 대한 진술은 명제가 아니라고 판단하였다면 을은 ⓒ을 위반한 것이 아니다.
ㄷ. 병의 견해에 따르면 "현재 한국의 왕은 대머리이다."와 "현재 한국의 왕은 대머리가 아니다."는 서로 부정인 관계가 아니다.

① ㄱ ② ㄷ ③ ㄱ, ㄴ
④ ㄴ, ㄷ ⑤ ㄱ, ㄴ, ㄷ

21. 다음 논증의 구조를 분석한 것으로 가장 적절한 것은?

㉠정신은 물질적 대상과 구별되는 것이다. ㉡어떤 두 대상이 동일하다면 두 대상은 서로 다른 성질을 가지지 않는다. ㉢물질적 대상은 감각적인 경험으로 인식된다. ㉣그러나 감각적으로 인식되는 대상의 존재는 확신할 수 없다. ㉤현실과 거의 구별할 수 없는 꿈을 꾸는 것이 가능하므로, 우리는 우리의 감각이 꿈속의 것인지 현실의 것인지 확실하게 구별할 수 없다. ㉥그렇지만 꿈속의 감각으로 인식되는 존재는 실재하는 것이 아니다. ㉦따라서, 물질적 대상은 그 존재를 확신할 수 없다. ㉧그러나 의심을 한다는 것 자체는 의심할 수 없다. ㉨의심을 한다는 것이 분명하다면 의심을 하는 주체도 분명히 존재한다. ㉩의심을 하는 주체는 정신이다. ㉪즉, 정신은 존재한다고 확신할 수 있다. ㉫그런 점에서 정신과 물질적 대상은 분명히 다른 성질을 지닌다.

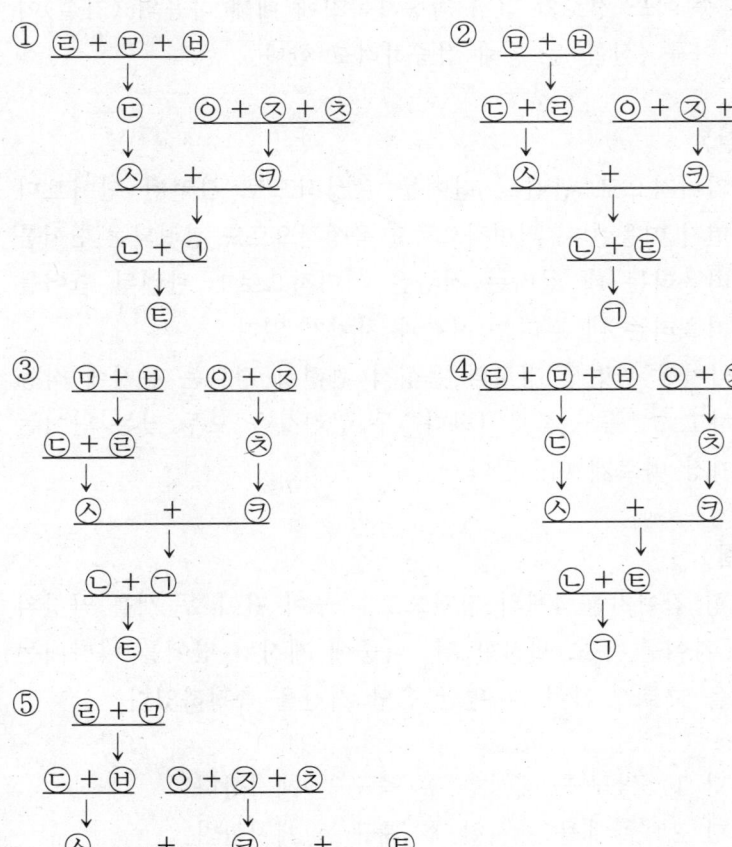

22. 다음 글에 대한 분석으로 옳은 것만을 〈보기〉에서 있는 대로 고른 것은?

정부가 저소득층을 지원하는 방식에는 물품 가격의 일부를 보조해주는 가격보조, 현금을 지급하는 소득보조, 물품을 직접 지원하는 현물보조가 있다. 합리적인 소비자는 주어진 가격과 소득 하에서 자신의 만족을 최대화하는 물품 수량의 조합을 선택한다.

가격보조를 하면 소비자가 직면하는 가격이 하락하고, 이에 따라 상대적인 가격 변화에 따른 대체효과와 가격에 대비한 소득, 즉 실질소득 증가에 따른 소득효과가 발생한다. 합리적인 소비자라면 상대적인 가격이 하락하면 그 물품의 소비를 증대시킨다. 반면, 소득이 늘어났을 때는 그 물품의 소비를 늘릴 수도 줄일 수도 있다. 이러한 대체효과와 소득효과의 합이 전체 가격 변화에 대한 가격효과로 나타난다.

소득보조와 현물보조는 소비자가 직면하는 가격을 변화시키지 않는다는 점에서 동일하다. 구체적으로 현물보조는 (현물의 수량) × (현물의 가격)만큼의 소득을 보조한 것과 경제적 효과가 동일하다. 다만, 현물을 되팔 수 없다면 최소한 지급받은 만큼의 현물을 사용하여야 한다는 제약이 발생한다. 소득을 보조하였을 때의 선택할 사용량보다 많은 수량의 물품을 지원한다면, 소득보조 시에 비해 그 물품의 소비량은 증가하고 소비자의 만족은 감소하게 된다.

가격보조 시 발생하는 정부지출만큼 소득보조를 하는 경우를 생각해 보면, 가격보조 시의 선택점을 그대로 선택할 수 있으면서 더 다양한 선택지를 갖게 되는 것이므로 정부지출이 동일하다면 소비자의 만족은 소득보조 시에 더 클 것임을 알 수 있다. 정부는 어떤 정책 목표를 중점에 두느냐에 따라 여러 지원 방식 중 하나를 선택하게 된다.

─〈보 기〉─

ㄱ. 가격보조 후 소비량이 증가한 물품은 보조금액만큼의 현금을 지원하는 소득보조 후에도 소비량이 증가한다.
ㄴ. 정부가 쌀 5kg을 지원하였을 때 지원받은 사람이 쌀 10kg을 소비하였다면, 쌀 5kg에 해당하는 현금을 지원하는 경우에도 지원받은 사람이 쌀 10kg을 소비한다.
ㄷ. 정부가 지출을 최소화하면서 저소득층의 만족이 일정 수준이 되도록 하고자 한다면, 소득보조를 택할 것이다.

① ㄱ   ② ㄷ   ③ ㄱ, ㄴ
④ ㄴ, ㄷ   ⑤ ㄱ, ㄴ, ㄷ

23. ⟨견해⟩에 대한 분석으로 옳은 것만을 ⟨보기⟩에서 있는 대로 고른 것은?

> 사람들이 자신의 경제적 이익에 따라 투표한다면 고소득층은 보수 정당에, 저소득층은 진보 정당에 투표하리라 예상할 수 있다. 그런데 예상과는 달리 고소득층에서 진보 정당 지지율이 높고 저소득층에서 보수 정당 지지율이 높은 경우들을 발견할 수 있는데 이를 계급 배반 투표라 한다. 계급 배반 투표의 원인에 대한 다음의 ⟨견해⟩가 있다.

⟨견해⟩
갑: 계급 배반 투표가 일어나는 원인은 각 계층이 자신에게 이익이 되는 정당이 어디인지 알지 못하기 때문이다. 정당의 정책에 대한 정보가 충분히, 정확하게 주어진다면 계급 배반 투표는 감소할 것이다.
을: 사람들은 경제적 계층만을 정체성으로 갖지 않는다. 정당 역시 경제 정책뿐만 아니라 외교, 환경, 문화와 같이 다양한 의제에 대한 입장을 복합적으로 지니고 있다. 이를 종합적으로 고려한 이익에 따라 투표를 하므로 경제적 계층에 따른 예상과는 반대되는 투표를 할 수 있다.
병: 계급 배반 투표는 일종의 착시 현상이다. 일반적으로 나이가 많아질수록 보수화되는 경향이 강한 동시에 저소득층의 비율도 높아진다. 이로 인해 저소득층이 보수 정당을 찍는 비율이 높아 보일 뿐인 것이다. 같은 세대 내에서는 계급 배반 투표가 거의 발생하지 않는다.

─⟨보 기⟩─
ㄱ. 여러 정책에 대한 정확한 정보가 충분히 주어지더라도 자신에게 돌아올 이익을 정확히 비교하는 것이 불가능하다는 연구는 갑의 견해를 약화한다.
ㄴ. 경제적 정책이 아닌 정책에 대해 유사한 입장을 가진 집단 내에서도 계급 배반 투표가 자주 발생한다는 연구는 을의 견해를 약화한다.
ㄷ. 60세 이상 인구를 대상으로 소득과 정당 지지율 간 관계를 분석한 연구에서, 고소득층일수록 보수 정당 지지율이 뚜렷하게 높아졌다는 연구 결과는 병의 견해를 강화한다.

① ㄱ ② ㄴ ③ ㄱ, ㄷ
④ ㄴ, ㄷ ⑤ ㄱ, ㄴ, ㄷ

24. 다음 글에 대한 평가로 옳은 것만을 ⟨보기⟩에서 있는 대로 고른 것은?

> 한 단어를 인지하면 그와 관련된 다른 단어들도 무의식 중에 떠올리게 된다. 무의식 중에 떠오른 단어는 주어졌을 때 더 빨리 인지할 수 있다. 그러므로 앞서 어떤 단어가 주어졌는지에 따라 다음 단어를 이해하는 데 걸리는 시간이 달라질 수 있다. 이때 이러한 관련은 의미적 관련일 수도 있고 음성적 관련일 수도 있다.
> 의미적 관련이라는 것은 주어진 단어와 의미적으로 연결되어 있다는 것을 말한다. 가령, '바나나'와 의미적으로 관련된 단어는 '과일', '사과', '노란색', '달콤함' 등이다.
> 음성적 관련은 주어진 단어와 유사한 소리가 나는 것을 말한다. 가령 '갈래'와 음성적으로 관련된 단어는 '굴레', '달래' 등이다.
> 무의식 중에 단어를 떠올리는 과정에서 의미적 관련과 음성적 관련 중 어느 경로가 먼저 작동하는지에 대해 다음의 ⟨가설⟩이 있어 이를 ⟨실험⟩을 통해 검증하려고 한다.

⟨가설⟩
A: 의미적으로 관련된 단어를 음성적으로 관련된 단어보다 먼저 떠올린다. 의미적으로도 음성적으로도 관련되는 단어를 떠올리는 데 걸리는 시간은 의미적으로만 관련된 단어를 떠올리는 데 걸리는 시간과 차이가 없다.
B: 의미적 관련성 경로와 음성적 관련성 경로는 동시에 작동하고 그 속도는 유사하다. 두 관련성을 모두 갖는 단어는 가장 빠르게 떠올린다.

⟨실험⟩
실험 참여자를 4개의 집단으로 나누어 단어 두 개를 약간의 시간 차이를 두고 제시한 뒤, 나중에 제시된 단어를 나타내는 그림을 고르게 하여 그 평균 응답 시간을 측정하였다.

집단 1: '탁구'를 제시한 후 '축구'를 제시한다.
집단 2: '골대'를 제시한 후 '축구'를 제시한다.
집단 3: '축구'를 제시한 후 '축구'를 제시한다.
집단 4: '바위'를 제시한 후 '축구'를 제시한다.

집단 1~4의 평균 응답 시간을 측정한 결과, 각각 a, b, c, d였다.

─⟨보 기⟩─
ㄱ. ⟨실험⟩ 결과, a>c라면 A는 약화된다.
ㄴ. ⟨실험⟩ 결과, b<c<d라면 A와 B 모두 강화된다.
ㄷ. ⟨실험⟩ 결과, a=b이고 추가적인 설문 결과 탁구와 축구의 소리가 비슷하지 않다고 대부분 응답하였다면 B는 약화된다.

① ㄱ ② ㄷ ③ ㄱ, ㄴ
④ ㄴ, ㄷ ⑤ ㄱ, ㄴ, ㄷ

25. 다음으로부터 추론한 것으로 옳은 것만을 <보기>에서 있는 대로 고른 것은?

> 공포 소구란 상대방에게 불안감이나 공포심을 불러일으켜 원하는 행동을 이끌어내는 전략을 말한다. 이는 흔히 건강에 대한 염려나 다른 사람들보다 뒤처지는 것을 경계하도록 만들어 소비를 유발하는 마케팅 전략으로 사용된다.
> 공포 소구는 일반적으로 특정 행동을 하지 않으면 어떤 위험이 발생한다는 두 요소로 이루어져 있다. 이러한 공포 소구 메시지를 받은 상대방은 메시지에 따라 행동을 취할 수도 있고 그렇지 않을 수도 있다. 이러한 행동의 여부는 공포에 대한 인지적 반응과 감정적 반응으로부터 결정된다.
> 인지적 반응이란 행동을 통해 위험을 감소시킬 수 있다는 인지에 따라 반응하는 것으로, 메시지에 따르는 행동을 하도록 만드는 역할을 한다. 반면 감정적 반응이란 공포 자체를 감소시키려는 반응으로서, 위협의 발생 가능성을 의도적으로 무시하고 행동을 취하지 않도록 만든다.
> 이를 구체적으로 연구한 A는 공포 소구와 관련하여 메시지의 상대방이 위협과 효능감을 느낀다고 설명한다. 위협의 크기는 메시지 속에 담긴 위험이 실제로 얼마나 발생 가능하며, 자신에게 얼마나 큰 피해가 발생하는지에 따라 달라진다. 한편 메시지 속에 담긴 행동을 수행하는 것이 어렵지 않을수록 효능감을 크게 느끼게 된다.
> 이와 관련한 A의 실험에 따르면 위협이 일정 수준 이상인 경우 효능감이 크다면 인지적 반응이 주로 나타나지만 효능감이 낮다면 감정적 반응이 주로 나타났다. 반면 위협이 낮은 수준인 경우 효능감에 관계 없이 공포 소구 메시지에 별다른 반응을 보이지 않았다.

―――――――〈보 기〉―――――――
ㄱ. 공포 소구에 따른 행동을 이끌어내기 위해서는 실현하기 어렵더라도 위험이 확실하게 제거되는 행동을 제시하는 것이 유리하다.
ㄴ. 갑이 건강 기능 식품 광고를 보고, 먹지 않아도 건강상의 문제가 전혀 발생하지 않을 것이라는 말을 하는 반응을 보인다면 갑에게 건강을 상실하는 것은 위협이 크다.
ㄷ. 을과 병에게 동일한 공포 소구 메시지가 주어졌을 때 을과 병이 모두 반응을 보이되 서로 다른 반응을 나타낸다면 을과 병이 느끼는 효능감의 크기에 차이가 있다.

① ㄱ ② ㄴ ③ ㄱ, ㄷ
④ ㄴ, ㄷ ⑤ ㄱ, ㄴ, ㄷ

26. 다음으로부터 추론한 것으로 옳은 것만을 <보기>에서 있는 대로 고른 것은?

> 두 사람이 각자에게 주어진 두 개의 전략 중 하나를 골라 자신의 이익을 최대화하려고 하는 게임을 생각해 보자. 이때, 두 사람이 각자가 선택한 전략을 바꿀 유인이 없는 상태이면 그 상태를 내쉬 균형이라고 한다. 내쉬 균형은 주어진 게임에 따라 하나가 존재할 수도 있고 여러 개가 존재할 수도 있다.
> 한편, 두 사람이 전략을 동시에 선택할 수도 있고 순차적으로 선택할 수도 있는데 이를 각각 동시 게임과 순차 게임이라고 한다. 순차 게임의 완전 균형을 찾기 위해서는 내쉬 균형 조건을 만족해야 할 뿐만 아니라 신뢰성 조건을 만족하여야 한다. 신뢰성 조건을 만족한다는 것은, 경기자가 어떤 전략을 사용할 것이라고 선언하였을 때 실제로 자신의 차례에 그 전략을 사용하는 것이 유리하다는 것을 말한다. 이러한 완전 균형을 올바르게 찾기 위해서는 나중에 선택을 하는 사람이 앞 사람의 선택에 따라 어떤 선택을 하는지를 먼저 분석하고, 이를 바탕으로 다시 앞 사람이 어떤 선택을 하는 것이 유리한지 되짚어가며 균형을 찾아야 한다.
> X 시장을 B 기업이 독점하고 있는 상황에서 A 기업이 진입 여부를 결정하는 상황을 생각하자. A 기업이 진입할 경우 B 기업이 생산량을 늘려 출혈 경쟁을 한다면 A는 5의 손해를 B도 5의 이익을 얻고, B 기업이 생산량을 유지한다면 A와 B 모두 7의 이익을 얻는다. A가 진입하지 않는다면, A는 이익이 0이고 B는 생산량을 늘리면 20의 이익을, 유지한다면 15의 이익을 얻는다. A가 먼저 전략을 선택한다고 할 때, B가 생산량을 늘릴 것이라고 선언하는 것은 신뢰성 조건을 만족하지 않는다. 선언에도 불구하고 실제 A가 진입한 경우에는 생산량을 줄이는 것이 B에게 유리하기 때문이다.

―――――――〈보 기〉―――――――
ㄱ. A와 B가 동시 게임을 한다면, A가 진입하지 않고 B가 생산량을 늘리는 것은 내쉬 균형이다.
ㄴ. A가 먼저 전략을 선택하는 순차 게임을 한다면, A가 진입하고 B가 생산량을 유지하는 것은 완전 균형이다.
ㄷ. B는 생산 설비를 미리 증설하여 생산량을 유지한다는 전략을 포기함으로써 더 큰 이익을 확보할 수도 있다.

① ㄱ ② ㄷ ③ ㄱ, ㄴ
④ ㄴ, ㄷ ⑤ ㄱ, ㄴ, ㄷ

27. 다음 글에 대한 분석으로 옳은 것만을 〈보기〉에서 있는 대로 고른 것은?

보험은 불확정적인 사고가 발생한 경우에 이에 보상함으로써 가입자들의 위험을 회피시켜 주는 제도이다. 구체적으로 보험 가입자는 I만큼의 보험료를 내고, 사고가 발생하면 K만큼의 보험금을 받는다. 사고 발생 확률이 p라고 한다면, 보험 가입 후 기대 이익의 변화는 $pK-I$가 될 것이다. 이 값이 0이라면 그 보험은 공정한 보험이고, 0보다 크다면 유리한 보험, 0보다 작다면 불리한 보험이다.

일반적으로 사람들은 자신의 기대 이익을 조금 포기하더라도 위험이 적은 것을 더 선호하므로 불리한 보험이라도 가입하고자 한다. 보험 회사는 여러 명의 가입자를 확보함으로써 불확실성을 줄이고, 가입자들이 포기한 기대 이익으로부터 수익을 얻는다.

그러나 만약 역선택과 도덕적 해이로 인해 보험 회사의 이익이 충분히 확보되지 않는다면 보험이 계속 유지될 수 없다. 역선택은 보험 가입자와 보험 회사 간 정보 비대칭에 의해 일어나는 것으로, 고위험군은 보험에 가입하려고 하고 저위험군은 보험에 가입하지 않으려 하는 현상을 말한다. 도덕적 해이는 보험에 가입한 후 가입자들이 사고를 회피하고자 하는 노력을 하지 않게 되는 것을 말한다.

보험 회사는 역선택을 방지하기 위하여 가입자의 위험 발생률을 파악하고자 노력하고, 그에 따라 보험료에 차등을 두거나 고위험군의 가입을 금지하는 전략을 취한다. 또한 도덕적 해이를 방지하기 위해 가입자의 고의나 과실에 따라 보험금 지급에 제한을 두기도 한다.

〈보 기〉
ㄱ. 가입자에게 유리한 보험은 계속 유지되지 못할 것이다.
ㄴ. 보험금 대 보험료의 비율인 보험요율이 사고 발생확률보다 높은 보험은 가입자에게 불리한 보험이다.
ㄷ. 정부는 도덕적 해이를 방지하기 위하여 모든 국민이 국민건강 보험에 강제로 가입하도록 하는 강제 가입 제도를 실시한다.

① ㄱ　　② ㄷ　　③ ㄱ, ㄴ
④ ㄴ, ㄷ　　⑤ ㄱ, ㄴ, ㄷ

28. 다음 글에 대한 분석으로 옳은 것만을 〈보기〉에서 있는 대로 고른 것은?

모든 개인이 합리적인 선호 체계를 가지고 있다고 하더라도 개인의 선호를 합하여 집단의 의사 결정을 내릴 때는 합리적인 선호가 나타나지 않을 수 있다. 여기서 합리적인 선호 체계를 가진다는 것은 완비성과 이행성을 가진다는 것을 의미한다. 완비성이란, 그 어떤 두 개의 대안을 제시하더라도 그 대안 사이에 선호를 가진다는 것이다. 한 대안을 더 선호할 수도 있고, 두 대안을 무차별하게 느낄 수도 있지만 선호를 판별할 수 없어서는 안 된다는 것이다. 이행성이란 대안 X를 Y보다 선호하고, Y를 Z보다 선호한다면 X가 Z보다 선호되어야 한다는 것이다.

이제 세 사람 A, B, C가 있어 대안 X, Y, Z 중 선택을 하는 상황을 생각해 보자. 이때 A는 X, Y, Z 순으로, B는 Y, Z, X 순으로, C는 Z, X, Y 순으로 선호한다고 하자. A, B, C는 우선 다수결로 X와 Y 중 더 선호하는 것을 찾기로 했다. 그러면 X를 Y보다 선호하는 사람은 A, C 두 명이고 Y를 X보다 선호하는 사람은 B 한 명이므로 X가 Y보다 선호된다. 그 후 X를 Z와 비교하면 Z를 더 선호하는 사람이 더 많다. 그러므로 Z가 X보다 선호된다. 이 집단 선호가 이행성을 만족한다면 Z가 X보다 선호되고 X가 Y보다 선호되므로 Z는 Y보다 선호되어야 한다. 그런데 Y와 Z를 비교하면 Y를 더 선호하는 사람이 더 많음을 알 수 있다. 이렇듯 모든 개인이 완비성과 이행성을 갖추더라도 집단 선호에서 이행성이 충족되지 않는 상황이 발생할 수 있는데, 이를 ⓐ콩도르세의 역설이라고 한다.

이렇게 여러 번의 일대일 다수결 투표를 통해 최종 승자를 찾는 투표 방식에서, 대안의 투표 순서를 결정할 수 있는 사람이 있다면 이를 통해 원하는 대안이 선택되도록 유도할 수 있다. 예를 들어, 위와 같은 상황에서 C가 X와 Y를 먼저 비교한 후 승자를 Z와 비교하게 한다면 C가 가장 선호하는 대안 Z가 선택되도록 정할 수 있는 것이다. 이를 의안 설정권자에 의한 의안 통제라 한다.

〈보 기〉
ㄱ. C가 Z, Y, X 순으로 선호한다면 ⓐ은 발생하지 않는다.
ㄴ. A가 의안 설정권자라면, X와 Z를 먼저 비교한 후, 승자를 Y와 비교하게 의안 순서를 결정할 것이다.
ㄷ. 구성원들이 어떠한 선호 체계를 가지더라도 의안 설정권자가 가장 선호하는 대안이 선택되도록 의안 통제를 할 수 있다.

① ㄱ　　② ㄷ　　③ ㄱ, ㄴ
④ ㄴ, ㄷ　　⑤ ㄱ, ㄴ, ㄷ

29. 〈견해〉에 대한 분석으로 옳은 것만을 〈보기〉에서 있는 대로 고른 것은?

어떤 예술 작품을 완벽하게 복제한 복제품이 있다면 그 복제품은 원본과 동일한 예술적 가치를 지닐까? 기술이 고도로 발전하여 미술품을 원자 단위로 분석하여 그만큼의 원자를 재조립해 원자 단위에서 완전히 동일한 복제품을 만들 수 있는 상황을 생각해 보자. 이러한 복제품의 예술적 가치에 대해 다음의 〈견해〉가 있다.

〈견해〉
A: 예술 작품의 가치는 그 예술 작품이 가지고 있는 색, 모양, 구도와 같은 내부적인 속성뿐만 아니라 그 작품이 만들어진 역사적 맥락, 작가의 의도와 독창성 등 외부적인 속성이 합쳐져 비로소 구성된 것이다. 따라서 복제품이 원작의 내부적 속성을 완전히 동일하게 복제하였다고 하더라도 이는 예술적 가치를 지니지 않는다.
B: 예술 작품의 가치는 감상자가 느끼는 미적 경험에 의해 결정되는 것이다. 무엇이 원작이고 복제품인지 구별할 수 없는 상황에서, 감상자가 작품으로부터 관찰할 수 있는 것은 오직 내부적인 속성뿐이고 외부적인 속성은 작품에서 직접 관찰되는 것이 아니다. 따라서 이러한 경우에 감상자는 동일한 미적 경험을 느낄 것이므로 원작과 복제품의 예술적 가치는 동일하다고 보아야 한다.
C: 복제품이 원작과 동일한 외부적 속성을 갖지는 않지만, 복제품 나름대로 복제품이 만들어진 맥락과 의도 등을 가지고 있다. 이러한 복제품의 외부적 속성이 원작 작가의 의도와 합치된다면 복제품 역시 예술적 가치를 지닌다.

─〈보 기〉─
ㄱ. 작품의 외부적 속성이 예술 작품의 가치에 영향을 미친다는 데 A는 동의하지만 B는 동의하지 않는다.
ㄴ. 원작과 복제품이 동일한 예술적 가치를 지닐 수 있다는 점에 B는 동의하지만 C는 동의하지 않는다.
ㄷ. C에 따르면 복제품의 예술적 가치는 원작의 외부적 속성을 얼마나 잘 재현했는지에 의해 결정된다.

① ㄱ ② ㄴ ③ ㄱ, ㄷ
④ ㄴ, ㄷ ⑤ ㄱ, ㄴ, ㄷ

30. 다음 글에 대한 평가로 옳은 것만을 〈보기〉에서 있는 대로 고른 것은?

감정 상태가 기억력에 영향을 미칠까? 이에 대해 알아보기 위해 참가자에게 일정한 감정을 유발한 다음 단어를 기억하는 정도를 알아보고자 한다. 이때 자연스러운 감정 유발을 위해 ㉠얼굴 피드백 가설을 활용하였다. 얼굴 피드백 가설이란, 긍정적 또는 부정적 감정이 표정을 만들어낼 뿐만 아니라, 반대로 긍정적 또는 부정적 표정이 감정을 불러일으킬 수 있다는 가설이다. 볼펜을 이로 물면 웃는 표정이 지어지고, 볼펜을 입술로 물면 입술을 내민 찡그린 표정을 짓게 되는데 이를 통해 자연스럽게 긍정적이거나 부정적인 표정을 유도할 수 있다.

〈가설〉
감정 상태와 단어를 기억하는 정도 간의 연관성에 대해 참가자의 감정 자체가 중요하다는 관점과 참가자의 감정과 단어의 연관성이 중요하다는 견해가 있다.

A: 긍정적인 감정을 가진 상태에서 기억할 때 기억력이 더 높아진다.
B: 긍정적인 감정을 가진 상태에서는 긍정적인 단어를, 부정적인 감정을 가진 상태에서는 부정적인 단어를 더 잘 기억한다.

〈실험〉
참가자를 네 집단으로 나누어 집단 1, 2는 이로 볼펜을 물게 하고, 집단 3, 4는 입술로 볼펜을 물게 한 상태에서 집단 1, 3은 긍정적인 감정 표현을 나타내는 단어를, 집단 2, 4는 부정적인 감정 표현을 나타내는 단어를 암기하게 하였다.

─〈보 기〉─
ㄱ. 집단 1과 집단 4의 기억률이 유사하다면 A는 약화된다.
ㄴ. 집단 3보다 집단 2의 기억률이, 집단 2보다 집단 1의 기억률이 더 높다면 A와 B 모두 강화된다.
ㄷ. ㉠이 참이 아닐 때, 집단 3의 기억률이 집단 4의 기억률보다 높다는 사실은 B를 약화한다.

① ㄱ ② ㄷ ③ ㄱ, ㄴ
④ ㄴ, ㄷ ⑤ ㄱ, ㄴ, ㄷ

31. 다음 글에 대한 분석으로 옳은 것만을 <보기>에서 있는 대로 고른 것은?

> 무역의 기본 원리는 각 나라가 잘 만드는 상품을 생산하여 서로 교환함으로써 양쪽 모두 스스로 모든 상품을 생산할 때보다 더 많은 상품을 사용할 수 있게 되는 것이다. 그런데 '잘 만든다'는 것은 어떤 기준으로 판단해야 할까?
>
> 먼저 생각할 수 있는 기준은 절대우위다. 어떤 나라가 특정 상품을 다른 나라보다 적은 자원으로 생산할 수 있다면 그 상품에 절대우위가 있다고 말한다. 예를 들어 A국과 B국이 각자 24의 노동을 가지고 밀과 양털을 생산하는 상황에서, 밀 한 단위 생산에 A국은 4, B국은 6의 노동이 필요하고, 양털 한 단위 생산에 A국은 8, B국은 4의 노동이 필요하다고 하자. 이때, A국은 밀에, B국은 양털에 절대우위가 있다.
>
> 이 경우 A국이 밀을, B국이 양털을 전담하여 생산하고 밀과 양털을 3단위씩 교환하면 A국과 B국 모두 밀과 양털을 3단위씩 사용할 수 있다. 이는 A국과 B국이 밀과 양털 생산에 노동을 절반씩 투입하여 스스로 사용하는 것보다 양국 모두에게 이득이 된다.
>
> 그런데 절대우위가 없더라도 생산을 특화하는 것은 이익이 된다. 예를 들어 밀 한 단위 생산에 C국은 1, D국은 8의 노동이 필요하고, 양털 한 단위 생산에 C국은 2, D국은 4의 노동이 필요하다고 하자. 이 경우 C국은 밀과 양털 모두에 절대우위가 있다. 하지만 C국은 밀을 양털의 두 배 효율로 생산하는 반면, D국은 밀을 양털의 절반의 효율로 생산한다. 이때 C국은 밀에 비교우위가 있고, 반대로 D국은 양털에 비교우위가 있다고 말한다.
>
> 이 경우 C국이 밀을, D국이 양털을 각각 24의 노동을 투입하여 생산하고 이를 3단위씩 교환한다면 C국은 밀 21단위와 양털 3단위를, D국은 밀 3단위와 양털 3단위를 사용할 수 있다. C국과 D국이 양털 3단위를 생산하고 나머지를 밀 생산에 투입한다면, 각각 밀 18단위, 1.5단위를 생산할 수 있음을 생각하면 사용 가능한 상품이 많아졌음을 알 수 있다.
>
> C국과 D국이 밀과 양털을 꼭 일대일로 교환할 필요는 없다. C국은 밀 하나에 양털을 0.5단위 이상만 받아오면 이득이고 D국은 양털 하나에 밀을 0.5단위 이상만 받아오면 이득이다. 그러니 C국이 밀 1.5단위를 양털 1단위로 교환하든 밀 1단위를 양털 1.5단위로 교환하든 C국과 D국은 모두 이득인 무역을 하는 것이다.

<보 기>

ㄱ. B국은 D국과 무역 시 밀에 비교우위가 있다.
ㄴ. A국이 밀을 생산하여 무역을 하고자 할 때 상대 국가가 양털 한 단위당 밀 세 단위를 요구할 경우 A국은 받아들이지 않는다.
ㄷ. C국과의 무역 시 밀에 비교우위가 있는 E국이 밀 한 단위 생산에 3의 노동을 투입해야 한다면 D국은 E국과 무역 시 양털에 절대우위가 있다.

① ㄴ　　② ㄷ　　③ ㄱ, ㄴ
④ ㄱ, ㄷ　　⑤ ㄱ, ㄴ, ㄷ

32. 다음으로부터 추론한 것으로 옳은 것만을 <보기>에서 있는 대로 고른 것은?

> 소득 불평등을 나타내는 대표적인 지표로 지니 계수가 있다. 지니 계수를 이해하기 위해서는 우선 로렌츠 곡선을 이해해야 한다. 로렌츠 곡선은 x축에 누적 인구 비율을, y축에 누적 소득 비율을 표시하여 소득이 낮은 인구부터 누적시켰을 때 소득이 어떻게 누적되어 가는지를 연결하여 나타낸 곡선이다.
>
> 만약 완전히 균등한 소득을 가진 사회라면, 로렌츠 곡선은 원점과 (1, 1)을 잇는 선분이 되고, 한 명이 모든 소득을 가진 완전 불평등한 사회라면, 로렌츠 곡선은 두 선분, 원점에서 (1, 0)을 이은 선분과 (1, 0)에서 (1, 1)을 이은 선분으로 이루어진다. 즉, 소득이 불평등할수록 로렌츠 곡선은 원점과 (1, 1)을 이은 선분인 완전균등선에서 멀어진다.
>
> 지니 계수는 완전균등선과 실제 로렌츠 곡선 사이의 면적을 완전균등선과 x축 사이의 면적으로 나눈 값이다. 소득이 불평등할수록 로렌츠 곡선이 완전균등선에서 멀어지므로 지니 계수는 커진다.
>
> 소득 불평등을 나타내는 다른 지표로는 팔마 비율이 있다. 팔마 비율은 소득 상위 10퍼센트의 소득 점유율을 소득 하위 40퍼센트의 소득 점유율로 나눈 값이다.
>
> 이러한 지표들은 소득 불평등을 하나의 수치로 확인할 수 있어 간명하다는 장점이 있으나, 구체적인 불평등 상황을 수치만으로는 알 수 없다는 한계가 있다. 그러므로 분배 정책을 수립할 때는 소득 불평등 지표와 함께 빈곤율에 관련된 지표 등을 함께 활용한다.

<보 기>

ㄱ. 지니 계수의 최솟값과 팔마 비율의 최솟값은 같다.
ㄴ. 두 국가의 로렌츠 곡선이 원점과 (1, 1)을 제외한 곳에서 교차하지 않는다면, 두 국가의 지니 계수는 같지 않다.
ㄷ. 소득 상위 10퍼센트의 소득 점유율이 증가하고, 소득 상위 60퍼센트의 소득 점유율이 일정하다면 팔마 비율은 증가한다.

① ㄱ　　② ㄷ　　③ ㄱ, ㄴ
④ ㄴ, ㄷ　　⑤ ㄱ, ㄴ, ㄷ

33. 다음으로부터 추론한 것으로 옳은 것만을 〈보기〉에서 있는 대로 고른 것은?

> 바구니 세 개에 과일을 네 개씩 담아 각각 갑, 을, 병에게 주려고 한다. 담을 수 있는 과일은 빨간색 과일인 딸기, 사과, 석류, 자두, 노란색 과일인 레몬, 망고, 바나나, 초록색 과일인 메론, 청포도, 키위가 있다. 바구니에 과일을 담는 규칙은 아래와 같다.
>
> ○ 위 과일 중 사용하지 않은 과일은 없고, 한 바구니에는 같은 과일을 두 개 이상 담지 않는다.
> ○ 갑의 바구니에는 노란색 과일이 두 개 들어간다.
> ○ 을의 바구니에는 빨간색 과일이 없다.
> ○ 병의 바구니에는 딸기, 레몬, 메론이 들어간다.

〈보 기〉

ㄱ. 을의 바구니에 키위가 있다.
ㄴ. 갑의 바구니에 사과가 없다면 석류가 있다.
ㄷ. 을과 병의 바구니에 모두 사용된 과일이 없다면, 을의 바구니에 바나나가 있다.

① ㄴ ② ㄷ ③ ㄱ, ㄴ
④ ㄱ, ㄷ ⑤ ㄱ, ㄴ, ㄷ

34. 다음으로부터 추론한 것으로 옳은 것만을 〈보기〉에서 있는 대로 고른 것은?

> 갑, 을, 병, 정 네 사람은 설을 맞아 고향에 다녀왔다. 설날은 2025. 1. 29.(수)였고, 토, 일요일과 설날 및 설날의 앞뒤 하루는 휴일이다. 네 사람이 고향으로 출발한 날짜는 2025. 1. 25.(토)에서 2025. 1. 28.(화) 중 하루였고, 네 사람이 고향에서 돌아온 날짜는 2025. 1. 30.(목)에서 2025. 2. 2.(일) 중 하루였다.
> 네 사람이 고향에 다녀온 날짜와 다녀온 일수에 대해 다음과 같은 사실이 알려졌다. (단, 고향에 다녀온 일수는 출발한 날부터 돌아온 날까지의 일수로 한다. 예를 들어, 고향으로 출발한 다음 날에 돌아오면 다녀온 일수는 2일이다.)
>
> ○ 네 사람이 고향으로 출발한 날짜와 고향에 다녀온 일수는 모두 다르다.
> ○ 네 사람 중 두 사람씩 고향에서 돌아온 날이 같다.
> ○ 갑은 고향으로 출발한 요일과 고향에서 돌아온 요일이 같다.
> ○ 을이 고향에 다녀온 일수가 가장 적다.
> ○ 병은 휴일에 고향으로 출발하여 휴일에 고향에서 돌아왔다.
> ○ 정은 가장 먼저 고향으로 출발하였다.

〈보 기〉

ㄱ. 갑과 정은 같은 날 고향에서 돌아왔다.
ㄴ. 을은 2025. 1. 27.(월)에 고향으로 출발하였다.
ㄷ. 병이 고향에 다녀온 일수는 7일이다.

① ㄱ ② ㄴ ③ ㄱ, ㄷ
④ ㄴ, ㄷ ⑤ ㄱ, ㄴ, ㄷ

35. 다음으로부터 추론한 것으로 옳은 것만을 〈보기〉에서 있는 대로 고른 것은?

갑, 을, 병, 정 네 사람과 1번, 2번 방이 있다. 1번 방은 불이 꺼져 있고, 2번 방은 불이 켜져 있다. 갑, 을, 병, 정은 순서대로 두 방 중 하나를 열고 다음 규칙 중 하나를 골라 그에 따라 행동한 후 문을 닫는다.

규칙 1 : 불이 꺼져 있으면 불을 켠다.
규칙 2 : 불이 켜져 있으면 불을 끈다.
규칙 3 : 불이 꺼져 있으면 켜고, 켜져 있으면 끈다.

네 사람이 행동한 후 1번 방은 불이 켜져 있고, 2번 방은 불이 꺼져 있다. 네 사람 중 두 사람은 1번 방을, 두 사람은 2번 방을 열었다. 갑, 을, 병, 정의 다음 진술 중 한 문장은 참이고 한 문장은 거짓이다.

갑: 나는 1번 방을 열었다. 나는 규칙 1을 골랐다.
을: 나는 2번 방을 열었다. 병은 불을 껐다.
병: 나는 2번 방을 열었다. 방문을 열었을 때, 불이 켜져 있었다.
정: 나는 1번 방을 열었다. 을은 규칙 2를 골랐다.

〈보 기〉

ㄱ. 갑은 1번 방을 열었다.
ㄴ. 을은 불을 껐다.
ㄷ. 규칙 1을 고른 사람이 없다면, 정은 불을 켰다.

① ㄱ   ② ㄷ   ③ ㄱ, ㄴ
④ ㄴ, ㄷ   ⑤ ㄱ, ㄴ, ㄷ

36. 다음으로부터 추론한 것으로 옳은 것만을 〈보기〉에서 있는 대로 고른 것은?

세포 내부와 세포 외부는 세포막이라고 하는 인지질 이중층에 의해서 구획된다. 세포 내부 공간을 세포질이라고 하는데, 세포질에는 소포체, 골지체, 소낭 등의 구조물이 존재한다. 이는 세포 내에서 다시 인지질 이중층 막에 의해 구획된 구조로, 소포체, 골지체, 소낭의 내부는 위상적으로 세포 외부와 동일한 성질을 갖는다. 소낭은 소포체, 골지체, 세포막 사이를 이동하며 이들 구조와 결합하여 소포체, 골지체 내부와 세포 외부 간의 물질 이동을 중개하는 역할을 한다.

세포 내에서 일어나는 핵심 기능 중 하나는 단백질의 생산이다. 생산되는 단백질 중에는 세포 내부에서 사용하기 위한 것도 있고, 세포 외부로 방출하기 위한 것도 있다. 단백질은 리보솜이라고 하는 세포 소기관에서 만들어지는데, 리보솜에는 세포질을 떠다니는 유리 리보솜과 소포체에 부착된 부착 리보솜이 있다.

세포 내부에서 사용하기 위한 단백질은 유리 리보솜에서 만들어진다. 어떤 단백질은 신호 서열이라는 것을 가지고 있는데, 신호 서열이 없는 단백질은 그대로 세포질에 남고, 신호 서열이 있는 단백질은 신호 서열에 따라 다른 세포 소기관으로 보내진다.

반면 세포 외부로 방출될 단백질은 일반적으로 부착 리보솜에서 만들어지는데, 만들어진 단백질은 곧바로 소포체의 막을 통과하여 소포체 내부로 들어간다. 그 후 단백질을 포함한 소포체의 일부가 떨어져 나와 소낭이 만들어지고 소낭이 골지체와 결합하여 단백질이 골지체로 이동한다. 그 후 동일한 방식을 거쳐 단백질이 최종적으로 골지체에서 세포 외부로 이동하게 된다.

세포막에 결합하여 위치하는 단백질도 존재하는데 이들 역시 부착 리보솜에서 만들어진다. 이러한 단백질은 중간에 막관통 서열을 가지고 있는데, 소포체 막을 통과하는 중에 막관통 서열이 막에 고정되며 소포체의 막과 결합한다. 인지질 이중층 내부는 소수성을 가지는데, 막관통 서열 역시 소수성을 가져 인지질 이중층과 잘 결합한다. 그 결과 단백질의 일부는 막을 통과하여 소포체 내부를, 일부는 세포질 방향을 향하게 된다. 이는 세포 외부로 방출되는 단백질과 유사하게 소낭을 거쳐 세포막으로 이동한다.

〈보 기〉

ㄱ. 소수성 서열을 갖지 않는 단백질은 세포막에 결합하여 위치하지 않는다.
ㄴ. 단백질의 전 부분이 위상적으로 다른 성질을 지닌 곳으로 이동한 적이 없다면, 세포질을 떠다니는 리보솜에서 만들어졌다.
ㄷ. 단백질이 만들어진 후 세포 외부로 방출되기 위해서는 적어도 소낭이 세 번 만들어져야 한다.

① ㄴ   ② ㄷ   ③ ㄱ, ㄴ
④ ㄱ, ㄷ   ⑤ ㄱ, ㄴ, ㄷ

37. 다음으로부터 추론한 것으로 옳은 것만을 〈보기〉에서 있는 대로 고른 것은?

적도 부근은 극지방에 비해 많은 태양열을 받는다. 그 결과 지구에서 빠져나가는 열보다 많은 열을 받아 적도 부근의 공기는 점차 데워진다. 뜨거워진 공기는 상승하게 되고 상층의 공기는 고위도, 즉 북쪽과 남쪽으로 이동한다. 반대로 극지방에서는 공기가 식어 하강하고 지표면 근처에서 적도 방향으로 공기가 이동한다. 지구의 자전이 없었다면, 이러한 공기 흐름으로부터 북반구와 남반구에 하나씩 거대한 공기 순환이 만들어졌을 것이다.

그런데 지구는 자전하기 때문에 수평 방향으로 이동하는 물체는 전향력이라는 가상의 힘을 받는다. 전향력이 실제 존재하는 힘은 아니지만, 지구 표면을 따라 돌고 있는 우리의 좌표계에서는 물체가 마치 힘을 받는 것처럼 보인다. 서쪽에서 동쪽으로 지구가 자전한 결과, 북반구에서는 진행 방향의 오른쪽으로, 남반구에서는 진행 방향의 왼쪽으로 전향력이 작용한다.

그러면 적도 부근의 상승한 공기가 남북 방향으로 이동할 때나 극지방의 하강한 공기가 남북 방향으로 이동할 때 공기의 이동 방향이 점차 휘어 동서 방향으로 경로가 바뀌게 된다. 그 결과 적도 상층에서 출발해 이동하던 공기는 남북 방향으로의 이동을 멈추게 되는데, 이동 과정에서 밀도가 상승한 공기는 위도 30도 부근에서 다시 하강한다. 반대로 극지방에서 적도를 향하던 공기는 남북 방향 이동을 멈추고 위도 60도 부근에서 다시 상승한다. 그 사이의 중위도 지방에서는 지표에서는 위도 30도에서 60도 방향으로, 상층에서는 위도 60도에서 위도 30도 방향으로의 공기 흐름이 생긴다. 그 결과, 지구의 북반구와 남반구에는 각각 세 개씩의 거대한 공기 순환이 발생한다.

이를 종합하면 지표면을 기준으로 저위도에서는 극지방에서 적도 방향으로의 공기 흐름이, 중위도에서는 적도에서 극지방 방향으로의 공기 흐름, 고위도에서는 다시 극지방에서 적도 방향으로의 공기 흐름이 형성된다. 이때도 전향력이 작용하는 것은 마찬가지여서 북반구에서는 오른쪽으로, 남반구에서는 왼쪽으로 휜 바람이 불게 된다.

우리나라가 위치한 북반구 중위도에는 남쪽에서 북쪽으로 올라오는 바람이 오른쪽으로 휘면서 남서쪽에서 북동쪽으로 부는 남서풍이 발생하는데, 이를 편서풍이라 한다. 북반구 저위도나 고위도에서는 북동쪽에서 남서쪽으로 부는 북동풍이 발생하는데 이를 각각 무역풍과 극동풍이라 부른다.

〈보 기〉

ㄱ. 상승 기류에서 구름이 주로 발생한다면, 위도 30도 부근은 위도 60도 부근보다 대체로 맑다.
ㄴ. 지구가 동쪽에서 서쪽으로 자전한다면, 저위도의 지표면에서는 적도에서 극지방으로 향하는 바람이 불 것이다.
ㄷ. 남반구 중위도에서는 북동풍이 불고, 저위도와 고위도에서는 남서풍이 분다.

① ㄱ ② ㄷ ③ ㄱ, ㄴ
④ ㄴ, ㄷ ⑤ ㄱ, ㄴ, ㄷ

38. 다음으로부터 추론한 것으로 옳은 것만을 〈보기〉에서 있는 대로 고른 것은?

학자들은 생명체 혹은 바이러스의 유전 현상의 근원이 되는 유전 물질이 무엇인지 알아내고자 하였다. 세포 내에서 발견된 다양한 물질 중 DNA와 단백질이 유전 물질의 강력한 후보로 떠올랐다. 학자 A는 둘 중 어느 것이 유전 물질인지 알아보기 위해 박테리오파지를 이용한 실험을 설계하였다.

박테리오파지는 박테리아를 감염시키는 바이러스의 일종으로 DNA와 단백질로 구성된 간단한 구조를 가지고 있다. 박테리오파지는 박테리아 표면에 달라붙은 뒤 자신의 유전 물질을 박테리아 내부로 집어넣고, 그 유전 물질은 박테리아 내부의 물질을 활용해 박테리오파지 DNA와 단백질을 복제한 후 재조립한다. 이를 통해 유전 물질 자신도 새로운 박테리오파지가 되고 복제된 박테리오파지도 만들어낸다. 이 박테리오파지는 박테리아를 부수고 나와 다시 새로운 박테리아를 감염시킨다.

학자 A는 DNA에만 존재하는 원소인 인(P)과 단백질에만 존재하는 원소인 황(S)을 이용해 이들의 이동을 추적하고자 하였다. 학자 A는 방사성을 띠는 P_{32}를 넣어 배양한 박테리오파지와 마찬가지로 방사성을 띠는 S_{35}를 넣어 배양한 박테리오파지를 만든 후, 각각 다른 병에 넣어 박테리아를 감염시켰다. 일정 시간이 지난 후 교반기를 이용해 박테리아 표면에 남아있던 유전 물질이 없는 박테리오파지 껍데기를 분리시켰다. 그 후 원심분리를 하면 전체 병 속 액체에서 무거운 박테리아만 아래로 가라앉는다.

학자 A는 P_{32}를 넣어 배양한 박테리오파지를 넣은 병 속 액체를 원심분리하여 얻은 상층부와 하층부, S_{35}를 넣어 배양한 박테리오파지를 넣은 병 속 액체를 원심분리하여 얻은 상층부와 하층부를 추출하여 순서대로 a, b, c, d라고 라벨을 붙였다. 그 후 a, b, c, d에서 방사성이 나타나는지 확인하였다. 그 결과 학자 A는 ㉠단백질은 유전 물질이 아니고, DNA가 유전 물질이라는 가설이 참임을 확신하게 되었다.

〈보 기〉

ㄱ. c에서 방사성이 나타났다는 사실은 ㉠을 약화한다.
ㄴ. d에서 방사성이 나타났다는 사실은 ㉠을 강화한다.
ㄷ. ㉠이 참일 때, 일부 박테리아가 재생산된 박테리오파지에 의해 파괴될 정도의 시간이 지난 후 원심분리를 하면 a와 b 모두에서 방사성이 나타날 수 있다.

① ㄱ ② ㄷ ③ ㄱ, ㄴ
④ ㄴ, ㄷ ⑤ ㄱ, ㄴ, ㄷ

39. 다음으로부터 추론한 것으로 옳은 것만을 〈보기〉에서 있는 대로 고른 것은?

일정 구역의 식물 군락을 구성하는 종들이 시간이 흐름에 따라 변해가는 것을 '천이'라 한다. 황무지에서 천이가 시작되면, 처음에는 풀이 자라기 시작하여 점차 작은 관목이 자라고, 나중에는 큰 교목이 자라 우거진 숲이 만들어진다. 오랜 천이를 거치면 숲 생태계가 안정된 상태를 유지하게 되는데 이를 극상이라고 한다.
수목에는 크게 두 가지 종류가 있는데 양수와 음수이다. 양수는 양지에서 잘 자라는 나무로, 빛이 잘 드는 환경에서 폭발적으로 성장한다. 반면 음수는 양수에 비해 음지에서도 잘 자라는 나무로, 물론 음수 역시 빛이 잘 들 때 더 잘 자라지만 빛이 덜 들 때와 잘 들 때 자라는 속도의 차이가 양수에 비해 작다.
이러한 특징은 광보상점과 광포화점으로 설명된다. 식물은 빛을 에너지원으로 사용하여 광합성을 하므로 빛이 잘 들수록 광합성량이 늘어난다. 광보상점이란 식물의 호흡량과 광합성량이 동일해지는 수준의 광량으로, 식물이 생장하기 위한 최소한의 광량이다. 빛이 강해지더라도 광합성량이 무한히 증가하지는 않는데, 더 이상 광합성량이 늘어나지 않는 광량을 광포화점이라 한다.
음수는 양수에 비해 광보상점과 광포화점이 낮고, 광포화점에서의 생장 속도도 낮다. 천이 과정에서 처음 수목이 자랄 때에는 양수가 크게 생장하여 양수림을 이룬다. 그러면 숲의 아래쪽에는 빛이 덜 들게 되는데, 이에 따라 광보상점이 높은 양수는 생존하지 못하고 음수만이 생장할 수 있게 된다. 그러면서 숲은 혼합림을 거쳐 음수만으로 우거지게 된다. 그렇기에 지표 환경에서 극상은 음수림의 모습을 띈다.

〈보 기〉
ㄱ. 극상을 이루고 있는 숲의 나무는 광포화점이 낮다.
ㄴ. 양수림에서 자라나는 묘목 중에는 양수의 비중이 높다.
ㄷ. 광보상점보다 약한 빛을 받은 식물은 광합성을 할 수 없다.

① ㄱ   ② ㄷ   ③ ㄱ, ㄴ
④ ㄴ, ㄷ   ⑤ ㄱ, ㄴ, ㄷ

40. 다음으로부터 추론한 것으로 옳은 것만을 〈보기〉에서 있는 대로 고른 것은?

멀리 떨어진 별과의 거리를 측정하는 방법에는 연주시차 측정, H-R도 활용, 세페이드 변광성 활용, Ia형 초신성 활용 등의 방법이 있다.
지구는 태양 주위를 공전하므로 지구의 위치 차이에 따라 별을 바라보는 각도가 달라지게 된다. 이를 시차라고 하고, 그 절반을 연주시차라고 한다. 별이 멀수록 이러한 각도 차이는 작아지므로 별과의 거리는 연주시차에 반비례한다. 연주시차가 1초, 즉 1도의 3,600분의 1이 되게 하는 별의 거리를 1파섹이라고 한다. 연주시차는 그 측정에 한계가 있어 매우 멀리 떨어진 별의 거리를 연주시차로 측정하는 것은 불가능하다.
다른 방법은 별의 밝기를 이용한다. 지구에서 별을 보았을 때의 밝기를 겉보기 밝기라 하고 그 별이 10파섹 떨어진 거리에 있다고 가정할 때 보이는 밝기를 절대 밝기라 한다. 만약 별이 정확히 10파섹 떨어져 있다면 겉보기 밝기와 절대 밝기가 일치한다.
만약 지구에서 별의 절대 밝기를 알 수 있다면 겉보기 밝기와 절대 밝기를 비교하여 별과의 거리를 알아낼 수 있다. H-R도는 별의 분광형을 이용하여, 세페이드 변광성은 변광 주기가 절대 밝기에 비례함을 이용하여 절대 밝기를 알 수 있고, Ia형 초신성은 절대 밝기가 일정하고 그 값이 알려져 있다.
별빛이 뻗어나가면서 그 밝기는 거리의 제곱에 반비례하게 된다. 즉, 별과의 거리가 두 배 멀어지면 지구에서 보이는 밝기는 네 배가 어두워진다. 이를 활용하여 별이 10파섹보다 가까이 있는지 멀리 있는지, 그렇다면 얼마나 그러한지를 알아낼 수 있다.

〈보 기〉
ㄱ. 연주시차가 1초인 별의 겉보기 밝기는 절대 밝기보다 10배 밝다.
ㄴ. 두 별의 연주시차와 절대 밝기가 동일하다면, 두 별의 겉보기 밝기는 같다.
ㄷ. 변광 주기가 다르고 겉보기 밝기가 같은 두 세페이드 변광성 중 변광 주기가 긴 별이 더 멀리 떨어져 있다.

① ㄱ   ② ㄷ   ③ ㄱ, ㄴ
④ ㄴ, ㄷ   ⑤ ㄱ, ㄴ, ㄷ

LEET 필독서

BEST

기출/모의고사

논리개념 매뉴얼 6.0 상하 세트
| 800p | 44,900원

강화약화 매뉴얼 6.0
| 592p | 36,900원

2025 LEET 리트 기출백서 8개년(언어이해·추리논증)
| 612p | 43,000원

2025 LEET 전국모의고사 엄선 4회분
| 248p | 30,000원

매일 3문제씩 푸는 모형추리 153(개정판)
| 220p | 22,000원

추리논증 법률문제 153(2쇄)
| 196p | 19,000원

(12개년) PSAT 고수들이 직접 풀어쓴 PSAT 기출문제 해설집
| 1,136p | 53,000원

로스쿨을 향한 자아실현에
효율적이고 신뢰할 수 있는 지원체계

시대인재 LEET

논리적 사고를 훈련하는 완벽한 도구, SDIJ LEET CONTENTS SYSTEM

BRIDGE 브릿지

최단 시간 최대 학습효과의 콘텐츠

테마별 주요 12문항을
1세트 모의고사로 구성

총 24세트

Extension 익스텐션

기출 학습의 가장 효과적인 연장선

기출 로직을 낯선 창작 문항에 불어넣은
새로운 형태의 기출 접근서

언어이해 2권 / 추리논증 7권

ATG 엣지

시대인재 최상의 실전 개념서

테마별 핵심 골격부터
정밀한 실전개념 구조 접근

추리논증 3권

대단위 기획
시대인재 서바이벌 FINAL 모의고사

메이저 로스쿨 목표 학생을 위한 2025 전 문항 신규 창작

총 13회차

한 차원 다른 강의, SDIJ LEET 교수진

검증된 언어이해 1위 *
언어이해 이원준

로스쿨 면접 1위 **
면접 황정현

*M사 언어이해 14년 연속 1위 (2011-24.07, M사 언어이해 온라인 단강좌 매출 건수 기준)
** 로스쿨 면접 교재 판매량 1위 : 2025년 1월 온라인 서점 내 '로스쿨 면접' 으로 검색 시 판매량 1위

Total care 언어이해
언어이해 김동규

전지적 출제자 시점
언어이해 조은정

RAINMAKER
추리논증 김재형

3분 kill 추리논증 지름길
추리논증 박수민

시험 당일 적용되는 고득점 방법론
추리논증 조정환

2026학년도 시대인재 LEET 장학혜택

LEET 본고사 평균 백분위 96 이상 득점자 중
SKY 로스쿨 최종 등록생 : **200만원** / 인서울 로스쿨 최종 등록생 : **100만원**

대상자격 확인하기

2026학년도 법학적성시험 대비

LEET

제1회 전국모의고사
언어이해 · 추리논증 해설지

2025. 3. 16. 시행

이의제기 및 성적통계
바로가기

❏ 이의제기 안내
- 본 시험 종료 후 네이버 법률저널 LEET 카페(cafe.naver.com/lecleet)에서 '이의제기 신청 게시판'에 양식에 맞춰 제출해 주세요.
- 이의제기 기간: 3월 17일(월) 오후 2시까지

법률저널 x 시대인재
(출제기관 : 법률저널)

2026학년도 법학적성시험 대비 LEET 모의고사

언어이해

제1교시   제1회

성명   수험 번호

정답 및 해설

1	③	2	⑤	3	①	4	①	5	③
6	④	7	⑤	8	④	9	③	10	⑤
11	①	12	⑤	13	①	14	④	15	④
16	③	17	⑤	18	②	19	③	20	④
21	③	22	②	23	④	24	②	25	②
26	④	27	①	28	③	29	④	30	⑤

1. 정답 ③

선택지 해설

① (○) 그러나 의료법에서는 정당한 사유가 있을 경우 진료 거부에 대한 법적 책임이 부과되지 않을 수 있다는 점은 언급하고 있으나, 정확히 어떠한 경우 이러한 요건에 해당하는지에 대해서는 구체적인 규정이 없어~ (3문단)

② (○) 의료법의 적용을 받는 의료행위에 대해 대법원은 의학적 전문지식을 기초로 하는 경험과 기능으로 진찰, 검안, 처방, 투약 또는 외과적 시술을 시행하여 하는 질병의 예방 또는 치료행위 및 그 밖에 의료인이 행하지 않으면 보건위생상 위해가 생길 우려가 있는 행위로 판시한 바~ (2문단)

③ (×) 낙태 시술에 관한 의료인의 양심적 거부권은 의료인에게 낙태 시술에 참여해야 하는 법적 의무가 존재하나, 해당 직종에 종사하는 자가 개인의 진지한 신념을 이유로 이를 거부하여, 실정법과 양심적 거부권 사이의 충돌이 발생할 때 문제가 된다. (1문단) 낙태 시술 참여에 대한 의무를 법적으로 명시하지 않은 것이 문제가 아니라, 시술해야 할 법적의무가 있음에도, 신념을 이유로 이를 거부할 수 있는지가 문제되는 것이다.

④ (○) 대법원은 양심에 따른 병역의무 이행의 거부와 관련하여 "국가가 개인에게 양심에 반하는 작위의무를 부과하고 그 불이행에 대하여 형사처벌 등 제재를 함으로써 의무의 이행을 강제하는 경우"에 일방적인 형사처벌만으로는 규범의 충돌 문제를 해결할 수 없다고 설시~ (6문단)

⑤ (○) 의료법 제15조 제1항에 따르면 의료인이나 의료인 개설자는 정당한 사유 없이 진료를 거부할 수 없고, 이를 위반할 경우 제89조에 따라 1년 이하의 징역이나 1천만원 이하의 벌금에 처한다고 명시하고 있다. (2문단)

2. 정답 ⑤

선택지 해설

① (○) 제시문에서 ㉠의 주장은 "낙태 시술의 지연은 여성의 건강과 생명에 심각한 위해를 초래할 수 있기 때문에, 의료인의 주관적인 신념보다 여성의 권리와 생명이 우선되어야 한다"고 강조한다.

② (○) 제시문에서 ㉠은 "양심적 거부권이 제한적으로라도 허용될 경우, 낙태 시술이 지연되면서 여성의 안전과 건강에 심각한 위험이 발생할 수 있다"고 주장한다.

③ (○) 제시문에서 ㉡의 주장은 "공익적 필요, 특히 국가적 보건의료 시스템의 구축과 의료 서비스 제공이라는 공익이 개인의 양심적 거부권보다 우선된다"고 설명하며, 이는 기본권 제한이 정당화될 수 있음을 전제로 한다.

④ (○) 제시문에서 ㉡은 "합법적으로 제정된 법률상의 의무를 개인의 신념으로 거부하는 것은 바람직하지 않다"고 주장하며, 이는 의료법 제89조와 같은 형사처벌 조항이 기본권 보장체계에 부합한다고 보는 관점과 일치한다.

⑤ (×) 제시문에서 ㉢은 "법령에 명시되지 않아도, 개인의 진지한 신념에 따른 행위는 양심적 거부권으로 정당화되어야 한다"고 주장한다. 반면, "기본권은 법령에 명시됨으로써 보장받을 수 있다"는 전제는 ㉢의 주장과 상충되며, 이를 따르는 사람은 ㉢에 찬성하지 않을 것이다.

3. 정답 ①

선택지 해설

ㄱ. (○) ㉠의 입장은 "의료인의 양심적 거부권은 여성의 건강과 생명에 심각한 위험을 초래하기 때문에 허용되어서는 안 된다"는 주장이다. 〈보기〉에서 "양심적 거부로 인해 낙태와 치료가 지연되며, 여성의 생명이 위협받고 질병률과 사망률이 증가한다"고 지적하고 있으므로, 이는 ㉠의 주장과 일치한다.

ㄴ. (×) 〈보기〉의 사례는 양심적 거부로 인해 발생하는 문제를 제시하고 있는 한편, ㉡의 입장은 양심적 거부는 최소한의 도리만 인정하고, 필요에 따라서는 제한할 수 있다는 입장이다. 따라서 양심적 거부의 인정이 없어서 〈보기〉 사례의 문제들이 나타난다고 평가하는 것은 적절하지 않다.

ㄷ. (×) ㉢의 입장은 "양심의 자유는 헌법이 보장하는 권리로서 처벌되어서는 안 된다"고 주장한다. 그러나 〈보기〉에서 "일부 의료 종사자들이 공공 부문에서는 양심적 거부를 주장하며 낙태를 거부하지만, 사적 영역에서는 비용을 받고 낙태를 시술하는 행태"는 진지한 신념에 근거한 양심적 거부라기보다는 위선적이고 상업적인 동기에 기반한 행위로 평가된다. 이러한 행위는 양심적 거부권의 본질과 상충되므로, ㄷ 선지의 평가는 부적절하다.

4. 정답 ①

선택지 해설

① (○) 드워킨은 "변화를 가능하게 하는 실체적 원칙이 더 무게감이 있다면 법판단자는 기존의 규칙을 개선해야 한다"고 설명한다. 반대로 "선례 구속의 원칙이나 입법우위의 원칙이 더 무게가 있다면 기존 규칙은 현 상태를 유지하게 된다"고 명시하고 있다.

② (×) 드워킨은 법원칙이 도덕적 지향성을 가질 수 있지만, 반드시 실정법에 부합해야 한다고 강조한다. 따라서 법원칙이 단순히 도덕적 이상만을 기준으로 결정되지 않음을 명확히 한다.

③ (×) 법원칙간의 충돌 시 특정 원칙을 배제한다는 내용은 제시문에서 찾을 수 없다.

④ (×) 알 수 없는 내용

2 언어이해 　제1회

⑤ (×) 드워킨은 법원칙이 법규칙과 달리 정형적이지 않고, 상대적 비중에 따라 적용된다고 설명한다. 법원칙은 필연적 결과를 도출하지 않으며, 다양한 상황에서 다르게 작용한다.

5. 정답 ③
선택지 해설

③ (×) 법원칙을 통해 법관의 재량이 통제될 뿐, 재량이 배제된다는 표현은 적절하지 않다.

6. 정답 ④

드워킨은 법원칙이 도덕적 가치를 담을 수 있다고 보지만, 반드시 실정법에 내재되거나 실정법과 조화를 이루어야 한다고 주장한다. 드워킨은 법적 기준 변경이나 유지에 있어 원칙의 가치를 강조함에 따라 법원칙에 의거하여 법규칙을 수정(개선)할 수 있다고 본다. 그러나, 법원칙은 실정법과 독립적으로 존재하거나 실정법을 대체할 수 없으며, 실정법을 넘어서는 방식으로 도덕적 가치를 적용하는 것은 그의 입장과 상충된다.

7. 정답 ⑤
선택지 해설

① (×) 모든 약속은 상대방이 존재한다. (다만 공약은 그 상대방도 약속을 이행해야 함을 전제로 하지 않는다는 특징이 있다.)
② (×) 공약이 반례에 해당한다.
③ (×) 17-18세기 유럽은 사회계약론이 발생하기 시작한 시기이므로, 계약보다 신약, 공약의 형태가 많이 등장했다고 단정할 수 없다. (누가 더 많은지는 해당 제시문에서 알 수 없음.)
④ (×) 자신에게 일방적으로 의무를 부과하는 약속의 형태는 공약이다. 그러나 공약은 대칭적인 경우도 존재한다.
⑤ (○) 공약은 자신이 일방적으로 약속한 것을 이행하려는 것이다.

8. 정답 ④
핵심정보

홉스는 사회계약의 원동력으로 자연상태에서의 개인들의 두려움, 그리고 그 두려움을 없애기 위한 차선의 선택으로서의 사회계약 체결을 주장하였다. 한편, 오늘날 지구의 위험에 있어서 세계가 나누어져 있음에 따라, 국가별로, 개인별로 인식하는 위험의 정도가 상이하다. 즉, 위험의 정도를 낮게 보는 국가나 개인들은 굳이 사회계약을 체결해야 할 필요성을 느끼지 못한다. 바로 이 점이 오늘날 사회계약이 홉스적 논리에 따라 새롭게 체결되기 어려운 이유이다.

선택지 해설

③ (×) 7문단에서는 위험의 인식 정도가 사람, 국가마다 다르다고 언급하고 있을 뿐, 세계 각 국과 국가의 개인들 모두가, 인식하는 위험의 정도가 낮다는 것에 한정해서 언급하고 있지 않다.
⑤ (×) '신약'이 아닌 '계약' 체결이 어려워지는 것이다.

9. 정답 ③
핵심정보

해당 언약은 여호와와 그의 명령에 순종하겠노라고 약속하는 이스라엘 백성 간에 체결된다. 이 언약이 '신약'인 이유는, 대칭적 지위에 있는 사람들 간에 동시에 체결되는 계약이 아니라, 이스라엘 백성이 먼저 복종해야 여호와가 이들을 보호하겠다고 약속한 것이기 때문이다.

〈보기〉의 내용 중 "내 언약을 지키면 너희는 모든 민족 중에 내 소유가 되겠고, 너희가 내게 대하여 제사장 나라가 되며 거룩한 백성이 되리라"라고 한 표현에서 확인할 수 있다.

선택지 해설

② (×) 해당 언약은 이스라엘 백성의 복종 의무 준수가 먼저 이행되고, 이후 여호와가 이스라엘 백성들에게 특정 이익을 제공하는 '신약'이다. 따라서, 주권자인 여호와의 약속 이행이 전제되었다는 2번 선지의 내용은 적절하지 않다.

10. 정답 ⑤
선택지 해설

① (×) 특정 환경 또는 시스템에서 물 분자가 자유롭게 움직일 수 있는 정도를 말한다. (2문단) + 일반적인 물에는 순수한 물에 비하여 불순물이나 용질 입자가 녹아 있게 마련이며 이 입자들이 물 분자를 끌어 당겨 물 분자의 이동을 제한하게 되므로 물 분자의 운동이 자유롭지 않게 된다. (2문단)
② (×) 압력퍼텐셜은 세포가 수분을 흡수함으로써 발생하는 세포막의 팽압을 나타낸다. 팽압은 세포막을 세포벽에 밀어붙이는 힘으로~ (4문단) + 식물에서는 개체의 단단한 형태와 구조가 유지되어야 하므로 식물 세포는 일반적으로 양의 압력을 유지한다. (4문단)
③ (×) 키가 작은 초본과 수목에서는 의미 있는 차이를 나타내지 않으나, 세쿼이아 나무와 같이 큰 나무에서의 줄기를 통한 물의 이동에서는 수분퍼텐셜에 적지 않은 영향을 줄 수 있다. (4문단)
④ (×) 물은 수분퍼텐셜이 높은 곳에서 낮은 곳으로 이동하며, 이 현상을 삼투~ (3문단) + 세포는 아쿠아포린이라는 물 이동 채널단백질 또는 막 자체를 통한 물의 유입과 유출이 가능하므로 물은 수분퍼텐셜이 더 높은 세포 내부에서 수분퍼텐셜이 더 낮은 세포 외부로 이동한다. (3문단) 용질이 아닌 물이 이동한다.
⑤ (○) 물은 수분퍼텐셜이 높은 곳에서 낮은 곳으로 이동하며~ (3문단) + 토양에 있는 물은 식물의 뿌리에 흡수되어 식물의 줄기를 지나 잎을 통해 대기로 이동하는 과정을 거친다. (1문단) 따라서 식물이 물을 흡수하기 위해서는 토양 〉뿌리 〉줄기 순으로 수분퍼텐셜 값의 크기가 결정되어야 한다.

11. 정답 ①
선택지 해설

ㄱ. (○) 식물의 수분퍼텐셜은 삼투퍼텐셜 + 압력퍼텐셜 + 중력퍼텐셜 + 기질퍼텐셜의 합으로 구성된다. 제시문에 따르면, 삼투퍼텐셜은 0 이하, 압력퍼텐셜은 0 이상, 중력퍼텐셜은 항상 0 미만의 음의 값을 가진다. 한편, 영구위조점에서 건생식물의 수분퍼텐셜은 -1.5MPa보다 낮은 값을 보인다고 제시되어 있다. 수분퍼텐셜 구성 공식을 고려할 때, 압력퍼텐셜이 0 이상의 값을 갖는다는 점을 고려하면, (수분퍼텐셜-압력퍼텐셜)의 값은 -1.5MPa 이하이어야 한다.

ㄴ. (×) 물은 수분퍼텐셜이 높은 곳에서 낮은 곳으로 이동한다. 따라서 건생식물이 서식하는 토양이 포장용수량에 달해 있을 때, 건생식물의 뿌리 수분포텐셜은 -0.01MPa 이하이어야 물이 토양에서 건생식물로 이동한다.

ㄷ. (×) 제시문에 따르면, 수분의 양이 줄어들수록 수분퍼텐셜은 감소한다. (2문단) 따라서 증발작용 등에 따라 토양용액 내 수분이 지속적으로 감소할 경우, 토양용액의 수분퍼텐셜은 감소한다. 이는 건생식물과 그 이외의 식물에서 차이가 나지 않는다.

제1회 언어이해

[참고 : "계속적인 증발작용과 식물의 이용으로 토양수분이 감소하는데, 토양용액의 수분퍼텐셜 변화로 인해 식물은 더 이상 수분을 흡수할 수 없게 되면서 시들기 시작한다."(5문단)의 의미 : 증발작용 등에 따라 토양용액 내 수분이 지속적으로 감소함에 따라, **토양용액의 수분퍼텐셜이 감소하여, 식물 뿌리의 수분포텐셜과 같아지면 식물이 더 이상 수분을 흡수할 수 없게 되어** 시들기 시작하는 것이다.]

12. 정답 ⑤

선택지 해설

① (○) 염류토양에서 식물이 생장하기 위해서는 해당 식물의 수분퍼텐셜이 토양이 포텐셜보다 낮아야 한다. 이를 통해 토양의 수분을 흡수할 수 있기 때문이다. 따라서 염생식물의 수분퍼텐셜은 염류토양의 수분퍼텐셜보다 낮을 것이다.

② (○) 염농도가 높은 염류토양일수록, 해당 토양 내 용질의 농도가 높으므로 토양의 수분퍼텐셜은 낮을 것이다.

③ (○) 염류토양의 수분퍼텐셜이 일반적인 토양에 비해 높은 용질의 농도로 인해 수분퍼텐셜이 낮을 것이라는 점을 추론할 수 있다. 따라서 해당 토양에서 서식이 가능한 염생 식물의 수분퍼텐셜은 그 토양의 수분퍼텐셜보다 낮아야 하므로 일반 식물의 수분퍼텐셜보다 낮을 것이다.

④ (○) 염류토양에 출현한 일반 식물의 경우에는 염류토양에서 수분을 흡수하기가 어려움에 따라 세포 내 수분이 부족해 팽압이 감소한다. 이는 세포의 형태와 구조 유지에 불리하게 작용하므로 〈보기〉에서 언급한 것처럼 식물이 고사하는 문제가 발생함을 추론할 수 있다.

⑤ (×) 삼투압은 용질이 녹아 있는 용액이 순수한 물을 흡수하는 힘이다. 또한 물은 수분퍼텐셜이 높은 곳에서 낮은 곳으로 이동하므로, 물은 삼투압이 낮은 곳에서 높은 곳으로 이동한다는 것을 추론할 수 있다. 한편, 삼투저항 유기물은 수분퍼텐셜이 낮은 염류토양에서 염생식물로 수분이 이동할 수 있도록 하는 기능을 수행한다. 즉, 염생식물 세포 내 삼투압을 높이는 기능을 수행함을 추론할 수 있다.

13. 정답 ①

선택지 해설

① (○) 그가 '지배적인 사고방식'이라고 칭하는 것은 실용주의와 결합된 실증주의적 사유방식이다. 실증적 지성은 개별적 차원이든 사회적 차원이든 수단-목적 관계, 의미와 가치, 정당성과 목적성에 대한 질문을 던지지 않는다. 수단과 방법의 효율성과 최대효용원칙을 추구할 뿐이다. (4문단)

② (×) 아도르노에 따르면 대중의 지식인 인식은 한마디로 '부정적'이다. 지식인에 대한 부정적 인식은 실용주의적 문화가 세를 얻으면서 대두된 지식인의 사회적 유용성에 대한 대중 일반의 의구심에 기초한다. 그에 따르면 대중은 기존의 지식인들을 과학적 조사기법에 토대를 둔 사회 연구자들에 비해 시대적으로 뒤떨어진 존재이자 사회적 유용성이 낮은 자로 평가한다. (1문단) 아도르노는 대중의 지식인 비판이 철학적 탐구와 비교하여 과학적 조사를 대중들이 지성활동의 원칙으로 본다는 점에서 기인한다고 언급한 바 없다. 과학적 조사 기법을 활용한 사회과학자들의 사회적 유용성이 더 높게 평가받는다는 점을 언급했을 뿐이다.

③ (×) 그가 말하고자 하는 바는 지식인 스스로 손쉬운 작업에 대한 유혹에 빠지기 쉬운 존재론적 특성을 자각하고~ (2문단) 현실비판을 통해 사회적 적응을 강화하려고 한다는 내용은 알 수 없다.

④ (×) 이러한 실증적 지성은 사회에 대한 인식없이 단순히 사회적 사실과 경험 데이터를 숭배하며 사실의 이면을 간과한 채 사회 "적응을 위한 도구"를 자처한다는 점에서 그는 비판적으로 보았다. (4문단)

⑤ (×) 판단은 주체를 망각하거나 외부로부터의 조정이나 압력에 굴복하지 않는다는 의미에서 그 자체로 저항적이다. (5문단)

14. 정답 ④

선택지 해설

④ (×) 사회에 대한 인식 없이 '상황에 대한 사실과 경험 데이터만'에 바탕한 사고 방식은 제시문에서 아도르노가 비판하는 실증적 지성에 기초한 사고방식이다.

15. 정답 ④

선택지 해설

① (×) 아도르는 실증적 지성에 대해 비판적인 입장이다.

② (×) 아도르노는 실증적 지성은 사회에 대한 인식 없이 사실의 이면을 간과한 채 사회 적응을 위한 도구라고 비판한다.

③ (×) 2번 해설과 마찬가지로, 실증적 지성은 사회에 대한 구체적 분석 등이 이행되지 않으므로, 비판적 사고를 함양할 기회를 주는 기능을 하고 있다고 평가하지 않을 것이다.

④ (○) 이러한 실증적 지성은 사회에 대한 인식없이 단순히 사회적 사실과 경험 데이터를 숭배하며 사실의 이면을 간과한 채 사회 "적응을 위한 도구"를 자처한다는 점에서 그는 비판적으로 보았다. (4문단)

⑤ (×) 아도르노는 구조적 문제에 대한 언급을 피하는 지식인의 태도를 비판적으로 바라본다.

16. 정답 ③

선택지 해설

① (○) 반면 무고자가 정당한 사실관계에 기반을 두고 허위 인식을 결여한 경우에는 비록 허위의 사실을 고한 결과가 발생하였더라도 무고의 범의를 인정하지 않았다. (2문단)

② (○) 조선시대 무고죄의 범의를 인정한 여러 사례를 살펴보면, 공통적으로 신고자가 신고사실의 진실성 여부를 살펴보지 아니하고 신고에 이르게 되면 무고죄에 성립한다는 논리가 나타난다. 신고사실에 관하여 다른 사람으로부터 정보를 얻거나 정황상 일견 의심이 들어 신고하더라도 먼저 허위일 가능성을 진단해야 하는 것이다. (2문단)

③ (×) 태조 이성계는 이와 같은 풍문탄핵에 대해 대간의 풍문탄핵을 일체 금하는 법을 세웠다. (4문단) 태종이 아닌 태조가 풍문탄핵을 금지하는 법을 제정했다.

④ (○) 그러나 계속된 논란 끝에 세종대에 이르로 지방관의 탐묵(貪墨)과 학민(虐民) 두 가지 사유에 한해서만 예외적으로 풍문으로 탄핵할 수 있도록 법을 고쳤고, 이는 이후에도 계승되었다. (4문단) 세종 이후 성종대에도 해당 내용이 유지되었음을 추론할 수 있다.

⑤ (○) 1문단 종합 내용

17. 정답 ⑤

선택지 해설

① (×) [1/2번 해설]
해당 탄핵 사안은 중앙의 관리인 대사헌 양성지에 대한 탄핵 사건이다. 따라서 지방관의 탐묵 또는 학민에 대한 사례가 아니므로 법적으로 양성지에 대한 풍문탄핵은 허용되지 않는다. 〈보기〉의 상소문에서 알 수 있듯이 김제신도 양성지의 비리 사건을 직접 목격한 것이 아니라

소문을 통해 들었다고 언급하고 있다. 따라서 해당 탄핵은 풍문탄핵으로 법적으로 허용되지 않는다.

② (×)

③ (×) 대명률에서는 풍헌관이 허위사실을 들어 탄핵한 경우 무고죄와 동일하게 처벌하고 있다.

④ (×) 유교적 통치이념 정착에 따라 대간의 언로를 막아서는 안된다는 사회적 분위기는 대간의 탄핵행위에 대한 일종의 특권(자유로운 탄핵 허용)을 부여하는데 영향을 주었으나, 이러한 분위기가 피탄핵자에 대한 무조건적 처벌과는 직접적으로 연관이 있다고 볼 수 없다.

⑤ (○) 제시문 마지막 문단에서 언급하듯이, 성종대에 풍문탄핵이 성행하였는데, 이때 풍헌관에 대한 처벌은 많이 이루어지지 않았다. 대간의 탄핵에 대해서 허위사실을 확정적으로 인식하고 풍문탄핵한 경우에만 무고죄로 처벌된다. 한편, 성종은 김제신에 대해 어떠한 처벌도 하지 않았으므로 이는 성종이 김제신의 풍문탄핵이 양성지에 대한 소문이 허위사실임을 확정적으로 인식하고 이루어진 것이 아니라고 판단했다고 추론할 수 있다.

18. 정답 ②

선택지 해설

ㄱ. (×) 신고사실에 관하여 허위 가능성을 진단하지 않았다는 이유만으로 허위사실임을 확정적으로 알고도 신고했다고 단정할 수 없다. 따라서 확정적 고의설에 부합하지 않는다.

ㄴ. (×) 미필적 고의설은 허위일 수 있음을 '인식'하고 허위사실을 '고소'하여 상대방을 무고할 수 있다는 위험을 용인하는 내심의 의사가 있는 경우에 무고죄가 성립한다고 본다. 그러나 정당한 이유에 기반하여 허위를 진실이라 잘못 믿은 경우에는 허위일 수 있음을 '인식'했다고 보기 어렵다. 즉, 명확히 정당한 이유에 기반하여 허위를 진실이라 잘못 믿은 경우 미필적 고의설에 부합하지 않는다고 할 수 없다. 명확히 정당한 이유에 기반하여 허위를 진실이라 잘못 믿은 경우는 미필적 고의설에서 말하는 '미필적 고의'에 해당하지 않는다. 달리 표현하자면, 명확히 정당한 이유에 기반하여 허위를 진실이라 잘못 믿은 경우에는 미필적 고의설도 무고가 아니라고 본다.

ㄷ. (○) 확정적 고의설의 입장이 정확히 드러나 있다.

[참고 : 해당 선지 구성상 선지에서 설명하는 내용이 제시문에 등장한 조선시대 법리와 일치하는지 우선 파악한 뒤, 〈보기〉의 고의설 입장과 비교해야 한다. 다만, ㄱ~ㄷ 선지 모두 제시문에 나타난 조선시대 법리와 일치한다. 따라서 해설에는 고의설 입장과의 부합여부만을 설명하였다.]

19. 정답 ③

선택지 해설

① (○) 국내통화는 이자 수익이 없으나 거래 목적을 이유로 포트폴리오에 자산으로 보유한다.

② (○) 자산이 증가할 경우 국내통화, 국내채권 및 해외채권에 대한 수요가 증가하는데, 투자자들이 해외채권을 매입하기 위해 외국통화를 매입함에 따라 환율은 상승한다. (3문단)

③ (×) 국내채권과 해외채권은 불완전 대체재라고 지문에서 언급하였다. 또한, 해외채권 보유 목적은 단순히 이자 수익이 아닌 위험분산에 있음을 언급하고 있다. 따라서 단지 해외채권 보유에 따른 이자수익이 상대적으로 낮다고 해서 해외채권 대신 국내채권만을 보유하는 것은 옳지 않은 설명이다.

④ (○) 어느 특정시점에서 개인들은 각자의 선호도와 위험회피 성향의 정도에 따라 각자의 금융자산을 통화와 채권으로 보유하려고 할 것이다. (1문단)+ 외화표시 해외채권은 외국통화가 평가하락하면 채권 보유자의 국내통화로 표시했을 때 자본손실이 발생할 수 있는 위험이 따른다. (2문단) 포트폴리오에는 국내통화+국내채권+해외채권으로 구성되어 있다. 따라서 해외채권에 대한 위험회피도가 높을수록 국내통화+국내채권의 비중이 높다.

⑤ (○) 외국에서 이자율이 상승하면 해외채권에 대한 수요가 증가하지만 국내채권 및 국내통화에 대한 수요는 감소한다. 보유자들이 해외채권을 매입하기 위하여 외국통화를 매입하고, 이에 따라 환율이 상승한다.

20. 정답 ④

선택지 해설

① (×) 국내 이자율 상승 시 포트폴리오 보유자들은 즉각 해외채권을 매도하고 국내채권을 매수한다. (금융시장에서 저량 변화는 단기간에 발생한다.)

② (×) 국내 이자율 하락 시 포트폴리오 보유자들은 국내채권 매도, 해외채권 매수에 따라 외화 수요가 증가하므로 환율이 급등하는 오버슈팅이 나타난다.

③ (×) 오버슈팅은 금융부문에 비해 실물부문의 경기변동에 따른 변화가 늦기 때문이다. 따라서 금융부문과 실물부문의 경기반응이 모두 즉각적으로 이루어진다면 오버슈팅이 나타나기 어렵다.

④ (○) 예상치 못한 외국통화량 상승은 외국이자율 하락을 야기한다. 따라서 포트폴리오 보유자들은 해외채권 매도, 국내채권 매수를 함으로써 단기적으로 환율이 급락하는 오버슈팅이 발생한다. 그러나 시간이 경과됨에 따라 실물부문은 이와 반대방향으로 환율을 움직임으로써 오버슈팅이 해소되는데, 즉, 급락한 환율이 다시 상승하여 오버슈팅분을 해소한다.

⑤ (×) 예상치 못한 국내통화량 감소는 국내이자율 상승을 야기한다. 따라서 포트폴리오 보유자들은 해외채권 매도, 국내채권 매수를 함으로써 단기적으로 환율이 급락하는 오버슈팅이 발생한다. 그러나 시간이 경과됨에 따라 실물부문은 이와 반대방향으로 환율을 움직임으로써 오버슈팅이 해소되는데, 즉, 급락한 환율이 다시 상승하여 오버슈팅분을 해소한다.

21. 정답 ③

선택지 해설

ㄱ. (○) 제시문에 따르면, 포트폴리오 모형에서는 국내통화, 국내채권, 외화표시 해외채권 세 가지 자산을 보유한다. 외화표시 해외채권은 외국 통화로 평가되며, 이자 수익과 위험 분산 목적으로 보유됩니다. 글로벌 금융위기 시 투자자들이 "미국 달러 선호"를 보인다는 것은 외화(달러) 표시 자산, 즉 해외채권(미국 채권) 수요 증가로 이어진다. 제시문에서 "해외채권 보유는 위험 분산 효과가 있다"고 명시되며, 위기 시 안전자산 선호는 해외채권 비중 증가로 직접 연결됩니다. 따라서 외화 선호 = 해외채권 보유 증가라는 추론이 가능하다.

ㄴ. (×) 국내채권 이자 감소는 국내채권 수요를 줄이고, 해외채권 수요를 증가시켜 원화 약세(환율 상승) 압력을 가중시킨다. 이는 오버슈팅을 완화하기보다는 악화시키므로 틀린 설명이다.

ㄷ. (○) 오버슈팅으로 원/달러 환율이 급등(원화 약세)하면 수출 경쟁력이 개선되어 무역수지가 개선된다. 이에 따라 원화 수요가 증가하면서 환율이 하락(원화 강세)하며, 실물 부문 조정으로 오버슈팅이 제거된다.

제1회 언어이해 5

22. 정답 ②

선택지 해설

② (×) 이버트는 게임이 플레이어에 의해 당초 제작자가 만든 게임의 내용을 바꿀 수 있다는 점에서 예술과 다르다고 보았을 뿐, 게임 플레이어가 게임 내용을 바꿔서는 안된다고 주장한 적은 없다.

23. 정답 ④

[제시문 근거 : 이에 대해 스머츠는, 콜링우드가 기계적 대중예술의 한계로 지적했던 것은 사실 그러한 예술 형식에서 감상자에게 일방적으로 전달되는 점이라고 주장한다. 스머츠는 게임이 상호작용성을 통해 이 문제에 대한 해결 수단을 제시한다는 점에서 게임과 이전의 영화·애니메이션 사이를 연결하는 역사적 서사가 있다고 볼 수 있다고 주장한다. (4문단)]
ⓐ는 스머츠가 게임의 상호작용성을 통해 기존 기계 복제 대중예술이 가진 예술적 한계를 극복할 수 있음을 주장한 내용을 반영한 것이다. 게임은 플레이어의 창조적 참여를 통해 제작자의 의도를 강요받지 않고, 프로그램과의 상호작용을 통해 새로운 내용을 창조할 수 있다는 점에서 "예술적 해결 수단"으로 볼 수 있다.

24. 정답 ②

선택지 해설

ㄱ. (×) 이버트는 예술가가 제시하는 '불가피한 결론'으로 감상자를 이끌기를 추구하는 것은 예술의 특성으로 보므로, 적절한 평가가 아니다.
ㄴ. (○) 스머츠는 게임 디자이너들도 무대 디자이너들이 소도구를 배치하는 것처럼 게임 세계 속 세부 사항들을 조정하고 통합하는 등 미적 고려를 한다고 본다. 〈보기〉에서 게임 디자이너들은 목표나 점수 시스템 등을 규정하고 플레이어의 움직이는 방식을 형성하므로, ㄴ 선지의 내용과 같이 승리 조건을 규정하는 것을 미적 고려의 결과로 볼 것이다.
ㄷ. (×) 스머츠는 기존 예술과 게임 사이에는 작품 자체의 구조나 형식적 특징의 면에서 공통점이 존재한다고 언급한다. 그러나 기존 예술이 줄 수 있는 미적 경험과 게임이 줄 수 있는 미적 경험이 반드시 동일하다고는 주장하지 않는다. 제시문에 언급된 사례로, 영화와 같은 기존 대중예술이 제공하지 못했던 '공동 창조'를 게임의 상호작용성을 통해 제공할 수 있다는 점이 있다.

25. 정답 ②

선택지 해설

① (×) 반대이다.
② (○) ㉠은 전자가 남으므로, 자유전자가 더 많음을 알 수 있다. 반대로 ㉡은 전자가 부족하므로 정공이 더 많음을 알 수 있다.
③ (×) 절연체도 공유결합한다.
④ (×) 알 수 없다.
⑤ (×) 알 수 없다.

26. 정답 ④

[참고 그림]

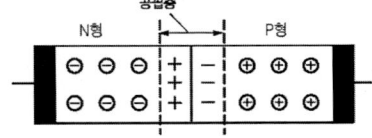

따라서, N형 반도체 내 반송자가 P형 반도체로 침투하려고 하면 P형 반도체 공핍층 내의 음(-)이온 전하에 의해 반발당하고, P형 반도체 내 반송자가 N형 반도체 내로 확산되려고 하면 N형 반도체 공핍층 내의 양(+)이온 전하에 의해 밀려나기 때문이다.

27. 정답 ①

선택지 해설

ㄱ. (○) P형 반도체 반송자는 정공(+), N형 반도체 반송자는 자유전자(-)이다. 따라서 P형 반도체 내 반송자는 전원의 (-)측에, N형 반도체 내 반송자는 전원의 (+)측에 흡인된다.
ㄴ. (×) ㄱ 선지 해설에서 알 수 있듯이, 위와 같은 경우에는 지문의 경우와는 다르게 공핍층에서 반송자들이 만나서 중화되지 않는다.
ㄷ. (×) 중화되지 않아 공핍층이 여전히 존재하므로 전류는 흐르지 않는다.

28. 정답 ③

선택지 해설

③ (×) 사실 사회적 이동성은, 근대 초기 능력주의의 핵심이 아니었다. 당시 능력주의는 출신과 상관없이 자신의 직업과 직위를 선택할 수 있는 자유를 핵심으로 했지만, 21세기 초부터 능력주의 체제가 사회적 이동성을 보장하지 않는다는 경험적, 비판적 연구가 활발히 진행되면서, 능력주의자들은 기회의 평등과 함께 '사회적 이동성'의 보장을 강조하였다. (3문단)

29. 정답 ④

선택지 해설

① (×) 추첨에 접근할 기회 자체는 동등하나, 해당 추첨에 의해서 직위가 분배되는 제도이므로 능력과 무관하게 직위가 배분된다는 점에서 정의로운 분배원칙이라고 보지 않는다.
② (×) 능력주의에서 기회의 평등은 개인의 능력에 대한 적합한 분배나 보상이 이루어지기 위한 전제이다. 그러나 추첨제는 개인의 능력에 대한 적합한 분배가 이루어지지 못하므로 기회의 평등이 이루어지는 제도라고 보기 어렵다.
③ (×) 운 평등주의자 입장에서 운과 같이 개인이 통제할 수 없는 요인, 비능력적 요인에 따른 불평등은 허용될 수 없다고 본다. 지문에서는 개인의 재능이 비능력적 요인이 포함되어 있으므로 재능에 따른 불평등은 허용될 수 없다고 비판하였다. 추첨제 또한 운이라는 비능력적 요인에 따라 분배가 이루어지기 때문에 결과와 관계없이 정의로운 분배원칙이라고는 보지 않는다.
④ (○) 3번 선지 해설 참고
⑤ (×) 능력주의에서는 결과의 평등을 정의의 기준으로 설정하지 않는다.

30. 정답 ⑤

① (×) 영은 민주적으로 정한 자격기준에 따른 직위 분배를 인정한다.
② (×) 교육의 기회 평등을 부정하는지는 알 수 없다.
③ (×) 능력주의에서 자격요건을 민주적으로 결정해야 한다는 내용은 알 수 없다.
④ (×) 영은 능력이 아닌 별도로 민주적으로 결정된 자격기준에 따라 선발해야 한다고 본다. 또한, 억압 약화나 차별 배상을 목적으로 특정 사람을 우대할 수 있다고 언급한 점에서 '가장 능력이 뛰어난 사람'을 선발해야 한다는 선지의 내용은 적절하지 않다.

⑤ (○) 능력주의는 능력이 아닌 계급, 인종 등에 따른 직위 분배를 반대하고, 영도 특정한 사회적 지위 또는 특정한 개인적 속성을 갖는 사람들의 특권을 강화하려는 목적으로 우대하는 것은 허용될 수 없다고 본다.

법학적성시험 추리논증 답안지 (2교시)

답안 작성시 수험생 유의사항

1. 답란은 반드시 컴퓨터용 사인펜을 사용하여야 합니다.
2. 성명란에는 정자체 자필로 기록하기 바랍니다.
3. 수험번호란에는 아라비아 숫자로 기록하고 해당란에 표기해야 합니다.
4. 성적확인용 비밀번호는 숫자 4자리를 임의로 정해 기록한 후 해당란에 표기해야 하며 시험 후 성적확인을 할 때 본인 확인용으로 사용되니 꼭 기억해야 합니다.
5. 수정테이프를 이용하며 답란 수정이 가능합니다.
6. 대학코드는 출신대학 및 지망대학에 공통으로 사용되며 해당코드를 표기해 주시고 해당대학이 없으면 26번 코드를 사용해 주시기 바랍니다.
7. 성별, 연령, 지망대학, 출신대학, 학점, 공인영어성적는 통계로 작성되어 응시생의 대학 지망에 참고 자료로 제공되며 통계 외의 목적으로는 절대 사용되지 않으니 정확하게 표기하여 주시기 바랍니다.

대 학 코 드

코드번호	대 학 명
01	강원대학교
02	건국대학교
03	경북대학교
04	경희대학교
05	고려대학교
06	동아대학교
07	부산대학교
08	서강대학교
09	서울대학교
10	서울시립대학교
11	성균관대학교
12	아주대학교
13	연세대학교
14	영남대학교
15	연합대학교
16	이화여자대학교
17	인하대학교
18	전남대학교
19	전북대학교
20	제주대학교
21	중앙대학교
22	충남대학교
23	충북대학교
24	한국외국어대학교
25	한양대학교
26	기타 대학

법학적성시험 언어이해 답안지 (1교시)

답안 작성시 수험생 유의사항

1. 답안은 반드시 컴퓨터용 사인펜을 사용하여야 합니다.
2. 성명란에는 정자체 자필로 기록하기 바랍니다.
3. 수험번호란에는 아라비아 숫자로 기록하고 해당란에 표기해야 합니다.
4. 성적확인용 비밀번호는 숫자 4자리를 임의로 정해 기록한 후 해당란에 표기해야 하며 시험 후 성적확인을 할 때 본인 확인용으로 사용되니 꼭 기억해야 합니다.
5. 수정테이프를 이용하여 답란 수정이 가능합니다.
6. 대학코드는 출신대학 및 지망대학에 공통으로 사용되며 해당코드를 표기해 주시고 해당대학이 없으면 26번 코드를 사용해 주시기 바랍니다.
7. 성별, 연령, 지망대학, 출신대학, 학점, 공인영어성적은 통계로 작성되어 응시생의 대학 지망에 참고 자료로 제출되며 통계 외의 목적으로는 절대 사용되지 않으니 정확하게 표기하여 주시기 바랍니다.

대 학 코 드

코드번호	대 학 명
01	강원대학교
02	건국대학교
03	경북대학교
04	경희대학교
05	고려대학교
06	동아대학교
07	부산대학교
08	서강대학교
09	서울대학교
10	서울시립대학교
11	성균관대학교
12	아주대학교
13	연세대학교
14	영남대학교
15	원광대학교
16	이화여자대학교
17	인하대학교
18	전남대학교
19	전북대학교
20	제주대학교
21	중앙대학교
22	충남대학교
23	충북대학교
24	한국외국어대학교
25	한양대학교
26	기타 대학

2026학년도 법학적성시험 대비 LEET 모의고사

제2교시 추리논증

제1회

정답 및 해설

1	①	2	②	3	③	4	⑤	5	⑤
6	④	7	③	8	④	9	④	10	③
11	③	12	②	13	①	14	①	15	②
16	④	17	③	18	④	19	⑤	20	③
21	②	22	④	23	⑤	24	①	25	④
26	⑤	27	③	28	①	29	②	30	③
31	⑤	32	④	33	⑤	34	②	35	⑤
36	③	37	①	38	②	39	①	40	④

1. 정답 ①

선택지 해설

ㄱ. (○) 갑은 공무원의 원활한 직무 집행을 위해 내부적인 징계 책임만 져야 한다고 주장하므로 금전적 책임이 직무 집행을 위축시킨다는 사실은 갑의 견해를 강화한다.

ㄴ. (×) X국은 공무원이 고의로 손해를 입힌 경우에 공무원이 책임을 지도록 규정하므로 금전적 책임이 면제되면 과실 발생 확률이 높아진다는 사실은 을의 견해와 관계되지 않는다.

ㄷ. (×) 병은 대외적인 책임은 국가가 지되 국가가 공무원에게 배상금을 청구할 수 있다고 주장하므로 손해를 입은 사람의 입장에서 배상 청구 대상은 국가로 제한된다. 그러므로 청구 대상이 제한될 때 배상이 충분히 이루어지지 않는다는 사실은 병의 견해를 약화한다.

2. 정답 ②

선택지 해설

ㄱ. (×) 갑은 기금이 아닌 국가 예산으로 지원하더라도 독립영화나 지역 소규모 극장 지원에 악영향이 없을 것이라고 주장하나, 국가 예산 지원 시 상업 영화에 지원이 집중된다면 악영향이 발생할 것이므로 갑의 견해는 약화된다.

ㄴ. (○) 을은 영화 입장권 부과금을 폐지하더라도 관람료 부담이 낮아지지 않을 수도 있다고 주장하는데, 폐지 후에도 극장이 그 금액만큼 관람료를 올린다면 관람료 부담이 낮아지지 않는다. 이는 을의 견해를 강화한다.

ㄷ. (×) 을은 관람료 부담이 낮아지지 않을 수 있다고 주장할 뿐, 관람료 부담이 낮아질 때 관람 의향에 대해서는 이야기하지 않으므로 이는 을의 견해와 관계되지 않는다.

3. 정답 ③

선택지 해설

ㄱ. (○) 교통공사 A가 노인, 어린이, 청소년에게 낮은 요금을 부과하는 것은 지불 능력이 낮은 소비자의 후생을 증가시키는 것이므로 X국 정부는 위법하지 않다고 평가할 것이다.

ㄴ. (×) 기준에 따르면 판매자의 시장 점유율이 10퍼센트 이하일 때 위법하지 않은데, 이 사례에서는 판매자인 B의 H 시장점유율이 10퍼센트 이하인 것이 아니라, 구매자인 C의 G 시장점유율이 10퍼센트 이하인 경우이므로 X국 정부는 위법하다고 평가할 것이다.

ㄷ. (○) 전력공사 D가 도서 지역에 비싼 요금을 부과하는 것은 비용의 차이를 반영한 결과이므로 X국 정부는 위법하지 않다고 평가할 것이다.

4. 정답 ⑤

선택지 해설

① (×) 영주가 배상하도록 정하는 규칙은 없다.

② (×) 농노는 (3)에 따라 벌금으로 은화 300닢을 납부하여야 하고, (5)에 따라 배상금으로 150닢을 받으므로 (8)에 따라 벌금 150닢을 납부한다.

③ (×) (2)에 따라 농노는 사형에 처하고, 농노의 배우자는 벌금으로 은화 500닢을 내야 하는데, (7)에 따라 사면이 선포되면 농노는 배우자가 내야 하는 벌금만큼인 은화 500닢을 납부해야 한다. 따라서 농노와 그 배우자는 총 1,000닢의 벌금을 납부해야 한다.

④ (×) 영주의 배우자는 (4)에 따라 은화 250닢을 배상해야 하는데, 배우자가 이미 사망한 경우 (6)에 따라 자녀에게 배상금을 나누어 지급하므로, 자녀 두 명에게 각각 은화 125닢을 배상해야 한다.

⑤ (○) 농노의 배우자는 (2)에 따라 벌금으로 은화 500닢을 내야 하고, 농노는 (5)에 따라 은화 150닢의 배상을 받는데, 농노가 사형된 경우 (6)에 따라 그 배우자에게 배상을 하게 되고, (8)에 따라 배우자는 은화 350닢을 벌금으로 납부한다.

5. 정답 ⑤

핵심정보

A는 특정 시기나 지역에 필수적·공공성이 큰 물품·서비스에 대한 수요가 집중되어 지나친 가격 상승이 예상되는 경우, B는 독점으로 인한 폐해를 방지하기 위하여 정부의 가격 개입이 정당화된다고 본다. 다만, B는 정부가 개입하여 사회적 잉여가 감소하는 경우에는 정당화되지 않는다고 본다.

선택지 해설

ㄱ. (○) 주어진 상황은 수요 증가와 관련되나 독점과 관계가 없으므로 A에 의해서는 정당화되고 B에 의해서는 정당화되지 않는다.

ㄴ. (○) 주어진 상황은 특정한 시기에 공공 서비스인 철도 서비스의 수요가 집중되는 경우이면서 독점 기업이 가격을 지나치게 높게 설정하는 경우이므로, A와 B 모두에 의해 정당화된다.

ㄷ. (○) 주어진 상황은 수요 집중과 관계없고 독점과 관계되는데, 사업을 지속할 수 없을 정도의 가격 통제는 결국 가스 사업 불능으로 인한 사회적 잉여 감소를 일으키므로 이는 A에 의해서도, B에 의해서도 정당화되지 않는다.

6. 정답 ④

선택지 해설

ㄱ. (×) 면적이 330㎡이고 공시가격이 10억 원인 주택은 현행법에 따르면

고급주택이지만, 〈제1안〉에 따르면 고급주택이 아니다.
ㄴ. (○) 공시가격이 50억 원인 주택은 어느 안에 따르든 면적에 관계없이 고급주택에 해당한다.
ㄷ. (○) 〈제2안〉에 따르면 전자는 고급주택이지만 후자는 고급주택이 아니므로 취득세액이 각각 1.2억 원, 0.9억 원이다. 〈제3안〉에 따르면 전자와 후자가 모두 고급주택이므로 취득세액이 각각 1.2억 원, 3.6억 원이다. 따라서 〈제2안〉에 따르면 전자, 〈제3안〉에 따르면 후자의 취득세액이 더 크다.

7. 정답 ③
선택지 해설
① (○) 갑과 을이 혼인하면서 갑이 을의 성을 따라 '박' 씨가 되었고 이혼 후 성을 회복하지 않았다가, 갑과 무가 혼인하면서 무와 기가 갑의 성을 따랐다면 기가 '박' 씨일 수 있다.
② (○) 갑과 을의 이혼 후 갑이 병과 정을 양육하는 상태에서 갑과 무가 혼인하면서 갑, 병, 정이 무의 성을 따랐다면 병, 정, 기가 모두 '최' 씨일 수 있다.
③ (×) 갑과 을이 이혼 후 기존 성을 회복한 사람이 없고, 갑과 무가 혼인하면서 무와 기가 갑의 성을 따랐다면, 갑, 을, 병, 정, 무, 기가 모두 같은 성을 가질 수 있다.
④ (○) 병의 성이 '박'이려면 갑과 을이 혼인하면서 갑이 을의 성을 따라야 하고, 이 경우 이혼 후 태어난 정의 성은 태어나면서 '박'일 수밖에 없다. 따라서 성을 변경한 적이 없다면 병이 '박' 씨이면서, 정이 '김' 씨일 수는 없다.
⑤ (○) 자녀의 성을 변경하고자 할 때에는 양육자와 자녀 본인의 동의만 있으면 되므로, 을의 동의 없이 정의 성을 변경할 수 있다.

8. 정답 ④
선택지 해설
ㄱ. (×) A는 근로자인지 자영업자인지에 관계없이 소득 수준이 낮은 사람에게, B는 보험 가입자에게 수당을 지급하도록 하는데, 자영업자 중 보험 가입자가 극히 적은 경우, B에 따른 수당 지급 대상이 더 적을 수 있다.
ㄴ. (○) B는 기존 소득에 비례하여 수당을 지급해야 한다고 주장할 뿐 최저 생활 수준을 보장해야 한다고 주장하지는 않는다.
ㄷ. (○) 조세에 의한 공공부조 방식에 대해 A는 안정적인 수당 지급이 가능하다고 하나 B는 국가부채를 증가시킬 수 있다고 한다. 다른 국가가 공공부조 방식의 상병수당 지급으로 인해 재정 부족을 겪어 수당을 감소시켰다는 사실은 안정적인 수당 지급이 가능하다는 A의 견해를 약화하고, 재정 부족이 국가부채 증가의 원인이 된다는 점에서 B의 견해를 강화한다.

9. 정답 ④
선택지 해설
ㄱ. (×) 두 국가에 벌금을 내는 경우는 ㉤을 따르면서 벌금이 범죄를 저지른 나라의 법에서 규정하는 벌금을 초과하는 경우인데, 어느 견해에 따르더라도 갑은 50 또는 100의 벌금을 납부하므로 B국 법에서 규정하는 100을 초과하는 경우는 없다.
ㄴ. (○) ㉡, ㉢, ㉥에 따를 경우 갑과 을은 B국 법에 따라 100의 벌금을 재판권이 있는 본국인 A국과 C국에 각각 납부하게 된다.
ㄷ. (○) ㉢, ㉥에 따를 경우 B국은 갑과 을에게 각각 100을 납부받고, ㉣에 따를 경우 B국은 갑에게 50, 을에게 100을 납부받는다. 따라서 B국에 납부할 벌금의 합은 최소 150, 최대 200이다.

10. 정답 ③
선택지 해설
ㄱ. (○) 갑은 1개월~3개월 째 240만 원, 4개월~6개월 째 200만 원, 7개월 이후 150만 원의 수당을 지급받는데, (6)에 따라 최대 18개월 동안 수당을 받을 수 있으므로 총 240×3+200×3+150×12=3,120만 원의 수당을 받을 수 있다.
ㄴ. (○) 을이 30시간 근무하는 경우 월 보수는 320×(30/40)=240만 원이고, 35시간 근무하는 경우 월 보수는 320×(35/40)=280만 원이므로 감축된 보수는 각각 80만 원, 40만 원이다. 따라서 수당은 각각 64만 원, 32만 원인데 상한이 40만 원이므로 40만 원, 32만 원이 지급된다. 따라서 12개월 동안 수당의 합의 최댓값과 최솟값의 차이는 8×12=96만 원이다.
ㄷ. (×) 병은 육아휴직 기간 6개월 동안 250, 250, 250, 200, 200, 200만 원, 총 1,350만 원의 수당을 받는다. 육아기 근무시간 단축기간 동안 월 보수는 400×(30/40)=300만 원인데, 수당으로 40만 원(감축된 보수의 80%는 80만 원이나 상한이 40만 원)를 받는다. 단독으로 육아휴직을 사용하였으므로 육아기 근무시간 단축 수당은 6개월간 받을 수 있다. 따라서 12개월간 보수와 수당의 합은 300×12+40×6=3,840만 원이다. 그러므로 18개월간 보수와 수당의 합은 5,190만 원이다.

11. 정답 ③
선택지 해설
ㄱ. (○) 제2조 제3항에 따르면 사업 규모가 100억 원을 초과하는 경우 시설운영권 인정 방식으로 사업을 실시할 수 없다. 그런데 B회사와 시설운영권 인정 방식으로 사업을 실시하므로 그 사업 규모는 100억 원 이하이다.
ㄴ. (○) 제3조 단서에 따르면 사업이 진행 중인 경우에는 시설운영권 인정 방식 또는 시설운영수익 분배 방식에서 임차료 지급 방식으로 시행 방식을 변경할 수 있다.
ㄷ. (×) 제2조 제3항에 따르면 사회서비스기반시설인 학교를 지을 때에는 임차료 지급 방식으로 사업을 실시하여야 한다. 따라서 시설운영수익 분배 방식으로 시행방식을 변경할 수 없다.

12. 정답 ②
선택지 해설
ㄱ. (×) A정당 의원 한 명이 표결에 불참하는 경우 찬성 29명, 반대 15명으로 찬성 인원이 출석의원의 3분의 2 이상에 미치지 못하므로 조례안 P는 확정될 수 없다.
ㄴ. (○) A정당 의원 한 명이 찬성으로 선회하는 경우 찬성 30명, 반대 14명으로 찬성 인원이 출석의원의 3분의 2 이상이므로 조례안 P는 확정될 수 있다.
ㄷ. (×) (3)에 따르면 조례안이 법령을 위반한 경우에 대법원에 소를 제기할 수 있는데, 조례안 P는 공익을 현저히 해치는 것으로서 X시장은 이에 대하여 대법원에 소를 제기할 수 없다.

13. 정답 ①
선택지 해설
ㄱ. (○) 견해 A에 따르면 갑은 강도죄를 교사한 것이다. 을이 강도죄를

저질렀다면 갑은 강도죄의 교사범이 되므로 강도죄로 처벌받는다.
ㄴ. (×) 견해 A에 따르면 갑은 강도죄를 교사한 것이다. 을이 강도죄를 시도하였으나 실패하였다면 강도예비음모죄가 성립한다. 예비음모죄를 저지른 사람에게 교사하면 예비음모죄로 처벌받으므로, 갑은 강도 예비음모죄로 처벌받는다.
ㄷ. (×) 견해 B에 따르면 갑은 강도죄를 방조하고 절도죄를 교사한 것이다. X국 법은 예비음모죄를 저지른 사람에게 교사한 사람은 처벌하나 이를 방조한 사람은 처벌하지 않는다. 따라서 갑은 절도 예비음모죄로 처벌받는다.

14. 정답 ①
선택지 해설

ㄱ. (○) 갑은 동물에게 해를 끼치는 행위를 도덕적으로 비난할 수 없다고 하고, 을은 동물을 학대하는 행위는 인간의 품위를 손상시키고 다른 인간에게 혐오감을 불러일으키므로 도덕적으로 옳지 못하다고 한다. 따라서 해충을 방제하는 행위는 갑과 을 모두 도덕적으로 옳지 않다고 보지 않을 것이다.
ㄴ. (×) 갑은 고통을 느낄 수 있는 존재에게 해를 끼치는 것이, 병은 일정 수준 이상의 지능을 가진 존재에게 해를 끼치는 것이 도덕적으로 옳지 못하다고 한다. 따라서 인간과 동일한 수준의 지능을 갖고 고통을 느낄 수 있는 로봇에게 해를 끼치는 행위를 갑과 병 모두 도덕적으로 옳지 않다고 볼 것이다.
ㄷ. (×) 을은 동물을 학대하는 행위가, 병은 나름의 문화를 가진 존재에게 해를 끼치는 행위가 도덕적으로 옳지 못하다고 한다. 그러므로 생쥐를 실험 윤리를 지키며 실험에 사용하는 것을 을은 도덕적으로 옳지 않다고 보지 않고, 병은 도덕적으로 옳지 않다고 볼 것이다.

15. 정답 ②
선택지 해설

ㄱ. (×) 4개의 ㅂ을 순서대로 ㅂ1, ㅂ2, ㅂ3, ㅂ4라고 하면, ㅂ2와 ㅂ3은 모두 앞뒤에 유성음(모음 및 ㅁ)이 존재하므로 유성음으로 발음되고, ㅂ1과 ㅂ4는 각각 앞과 뒤에 유성음이 없어 무성음으로 발음된다. 따라서 영어 화자는 ㅂ2, ㅂ3는 b로, ㅂ1, ㅂ4는 p로 인지한다.
ㄴ. (○) 대답에서 앞 ㄷ은 앞에 유성음이 없어 무성음으로 발음되고, 뒤 ㄷ은 앞뒤에 유성음인 모음이 있어 유성음으로 발음된다. 따라서 영어 화자는 앞 ㄷ은 t로 뒤 ㄷ은 d로 인식한다.
ㄷ. (×) 아기는 태어나면서는 더 다양한 소리를 음소로서 구분하지만, 자라면서 몇 가지 음성이 하나의 음소로 통합된다. 즉, pʰ와 p를 구분하지 못하다가 구분하게 되는 것이 아니라, 태어날 때부터 pʰ와 p를 구분한다.

16. 정답 ④
선택지 해설

ㄱ. (○) 행위의 결과 두 사람의 생활 수준이 90에서 100이 되었고, 생활 수준이 감소한 사람은 없다. 따라서 A에 따르든 B에 따르든 이 행위는 사회를 개선시킨 행위이다.
ㄴ. (×) 행위의 결과 한 사람의 생활 수준이 90에서 0이 되었고, 아홉 사람의 생활 수준이 90에서 100이 되었다. 따라서 C에 따르면 생활 수준이 좋아진 사람의 수가 더 많으므로 사회를 개선시킨 행위이지만, B에 따르면 생활 수준의 합은 동일하므로 사회를 개선시킨 행위가 아니다.
ㄷ. (○) 행위의 결과 한 사람의 생활 수준이 90에서 100이 되었고, 생활 수준이 감소한 사람은 없다. 따라서 A, B, C 어느 견해에 따르든 이 행위는 사회를 개선시킨 행위이다.

17. 정답 ③
선택지 해설

ㄱ. (○) 조건설에 따르면 지문에서 설명된 것과 같이 갑을 낳은 행위, 갑의 부모를 낳은 행위, 갑의 부모의 부모를 낳은 행위 등 무수히 많은 조건이 원인이 된다.
ㄴ. (○) 지문의 병, 정, 무의 사례에서 병이 치사량의 독을 넣은 행위는 상당인과관계설에 따르면 원인이 되지만 조건설에 따르면 원인이 되지 않는다.
ㄷ. (×) 조건설에 따르면 병이 치사량의 1/2의 독을 넣지 않았더라면 무가 죽지 않았을 것이므로 병의 행위는 무의 사망의 원인이 된다. 반면 상당인과관계설에 따르면 치사량의 1/2의 독을 넣는 행위는 일상적인 경험에 비추어 사망을 야기할 상당한 개연성이 있지 않으므로 병의 행위는 무의 사망의 원인이 되지 않는다.

18. 정답 ④
선택지 해설

ㄱ. (×) 마지막 문단에서 대화의 격률을 위반하였더라도 협력의 원리는 위배한 것이 아닐 수 있음을 알 수 있다. 첫 문단에서 협력의 원리란 대화의 목적이나 요구에 합치되도록 말하는 것이라고 하였으므로, 대화의 격률을 위반하였더라도 대화의 목적이나 요구에 합치되도록 말할 수 있다.
ㄴ. (○) 갑의 입장에서 "사과를 세 개 먹었다."는 거짓이므로 이는 질의 격률을 위반한 것이다.
ㄷ. (○) 시험을 잘 보았냐는 질문에 국어 시험에 대해서만 대답하는 것은 충분한 정보를 제공하지 않은 것으로 양의 격률을 위반한 것이지만, 이는 다른 과목 시험은 잘 보지 못했음을 함축적으로 전달하는 것으로 분석할 수 있다.

19. 정답 ⑤
선택지 해설

ㄱ. (○) 갑은 어느 도덕률이 타당한지에 대해 판단을 할 수 있는 객관적 기준이 없다고 주장하므로, "다른 사회의 도덕률에 대해 도덕적으로 판단해서는 안 된다."라는 지침을 받아들이는지 여부가 어떤 사회의 도덕률이 타당한지 판단하는 객관적 기준이 된다면 갑의 견해는 약화된다.
ㄴ. (○) 을은 사회의 서로 다른 관습이 다른 도덕률에서 비롯된 것이 아니라 문화적 차이에 의한 것이라고 본다. 사회 X와 사회 Y의 혼인 제도 역시 아내를 보호한다는 동일한 도덕률로부터 환경에 맞게 다른 관습이 발전된 것으로 볼 수 있으므로 을의 견해는 강화된다.
ㄷ. (○) 병은 도덕적 판단은 존재하지 않고 그저 감정을 표현하는 것이라고 주장하나, 감정을 느낄 수 없는 사람이 도덕적 판단을 하였다면 이는 병의 견해를 약화한다.

20. 정답 ③
선택지 해설

ㄱ. (○) 갑이 "a가 b이다."라는 문장의 의미를 "a가 존재하고, 그 존재는 b이다."라고 파악하고, "a가 b가 아니다."라는 문장의 의미를 "a가

존재하고, 그 존재는 b가 아니다."라고 파악하였다면 갑에게 두 명제는 부정의 관계가 아니다. 따라서 둘 다 거짓이라고 파악하였더라도 모순율을 위반한 것이 아니다.
ㄴ. (○) 을이 존재하지 않는 것에 대한 진술은 명제가 아니라고 판단하였다면 그러한 진술은 참이거나 거짓이지 않더라도 배중률을 위반한 것이 아니다. 따라서 을이 현재 한국의 왕에 대한 진술이 참도 거짓도 아니라고 판단한 것은 배중률을 위반한 것이 아니다.
ㄷ. (×) "현재 한국의 왕이면서 대머리인 유일한 존재가 있다."와 "현재 한국의 왕이면서 대머리인 유일한 존재가 있지는 않다."는 서로 부정인 관계의 명제이다. 따라서, 병에게 "현재 한국의 왕은 대머리이다."와 "현재 한국의 왕은 대머리가 아니다."는 서로 부정인 관계이다.

21. 정답 ②
선택지 해설
꿈과 현실의 감각을 구분할 수 없으나(ⓑ), 꿈속의 존재는 실재하지 않으므로(ⓗ) 감각으로 인식되는 존재는 확신할 수 없다(ⓑ+ⓗ→ⓔ). 물질은 감각으로 인식되므로(ⓒ), 물질은 확신할 수 없다(ⓒ+ⓔ→ⓐ). 의심의 존재는 의심할 수 없고(ⓞ), 의심의 존재를 의심할 수 없다면 의심을 하는 주체는 존재하고(ⓩ), 의심을 하는 주체는 정신이다(ⓩ). ⓞ+ⓩ에 따르면 의심을 하는 주체는 존재하고, 따라서 정신은 존재한다(ⓞ+ⓩ+ⓩ→㉠). 물질은 확신할 수 없으나(ⓐ), 정신은 확신할 수 있으므로(㉠) 둘은 서로 다른 성질을 가진다(ⓐ+㉠→ⓔ). 두 존재가 같다면 서로 다른 성질을 가질 수 없는데(ⓒ), 물질과 정신은 서로 다른 성질을 가지므로(ⓔ) 물질과 정신은 구별된다(ⓒ+ⓔ→㉠).

22. 정답 ④
선택지 해설
ㄱ. (×) 가격보조의 효과는 소득효과와 대체효과의 합으로 나타나는데 대체효과는 항상 (+)이므로 가격보조 효과가 (+)라면 소득효과와 대체효과가 모두 (+)일 수도 있으나 소득효과는 (-)이고 대체효과가 (+)인데 대체효과의 크기가 더 커서 가격보조 효과가 (+)인 것일 수도 있다. 따라서, 소득보조 시에 항상 사용량이 증가 즉, 소득효과가 (+)인 것은 아니다.
ㄴ. (○) 현물보조는 동일한 금액의 소득을 보조한 것과 경제적 효과가 같다. 다만 보조 받은 현물보다 사용하고자 하는 수량이 더 적은 경우에만 선택 제한이 생긴다. 다시 말하면 보조 받은 현물 이상을 사용하고자 하는 경우 소득을 보조한 것과 완전히 동일하다. 따라서 쌀 5kg을 받은 경우와 쌀 5kg에 해당하는 현금을 받은 경우 모두 쌀 10kg을 소비한다.
ㄷ. (○) 소득보조와 비교하여 현물보조나 가격보조를 받은 경우 만족이 더 낮을 수 있다, 다시 말해, 동일한 수준의 만족을 달성하기 위해서 더 적은 지출이 필요한 것은 소득보조이다.

23. 정답 ⑤
선택지 해설
ㄱ. (○) 갑은 정확하고 충분한 정보가 제공되면 사람들이 정당에 따른 자신의 이익을 정확히 파악하여 계급 배반 투표를 하지 않을 것이라 주장한다. 따라서 정확한 이익을 파악할 수 없다는 사실은 갑의 견해를 약화한다.
ㄴ. (○) 을에 따르면 경제적 정책에 반하여 계급 배반 투표를 하는 것은 경제적 정책이 아닌 정책에 따른 이익 때문이다. 그렇다면 경제적 정책이 아닌 정책에 대한 입장이 같은 경우에는 계급 배반 투표를 하지 않을 것이다. 따라서 비경제적 정책에 대한 입장이 같은데도 계급 배반 투표를 한다는 사실은 을의 견해를 약화한다.
ㄷ. (○) 병은 계급 배반 투표 현상이 나이와 정치 성향 간 상관성을 고려하지 못한 착시 현상이라고 주장한다. 그렇다면 나이라는 변수를 통제한 경우에는 계급 배반 투표 현상이 발생하지 않을 것이다. 따라서 60세 이상을 대상으로 조사한 결과 고소득층일수록 보수 정당을 더 많이 지지한다는 사실은 병의 견해를 강화한다.

24. 정답 ①
선택지 해설
ㄱ. (○) A는 의미적으로 관련된 단어를 음성적으로 관련된 단어보다 먼저 떠올린다고 하였으므로, 축구보다는 탁구를 제시한 경우에 축구를 더 빨리 떠올릴 것이다. 즉, A는 a<c라 예측한다. 따라서 a>c라는 실험 결과는 A를 약화한다.
ㄴ. (×) A는 의미적으로 관련된 단어를 음성적으로 관련된 단어보다 먼저 떠올린다고 하였으므로, 축구보다는 골대를 제시한 경우에 축구를 더 빨리 떠올릴 것이라고 예측한다. 한편, 아무 관련성이 없는 바위를 제시한 경우보다는 축구를 제시한 경우 축구를 더 빨리 떠올릴 것이라고 예측한다. 따라서 b<c<d라 예측한다. 따라서 실험 결과는 A를 강화한다. 그러나 B는 의미적으로 관련된 단어와 음성적으로 관련된 단어를 떠올리는 시간이 유사하다고 하였으므로 b<c인 것은 B를 약화한다.
ㄷ. (×) B는 의미적 관련, 음성적 관련을 모두 갖는 단어를 가장 먼저 떠올린다고 하였는데 탁구가 축구와 두 관련성을 모두 갖는다면 a<b로 예측된다. 그러나 실험 참가자들이 탁구와 축구와 음성적 관련을 갖지 않는다고 생각한다면 탁구든 골대든 의미적 관련성만 가지므로 B 역시 a=b라고 예측할 것이다. 따라서 a=b라는 실험 결과는 B의 견해를 약화하지 않는다.

25. 정답 ④
선택지 해설
ㄱ. (×) 공포 소구 메시지에 따른 행동을 유발하기 위해서는 인지적 반응을 이끌어내야 하는데, 이를 위해서는 위협과 효능감이 모두 큰 메시지를 제시해야 한다. 효능감이 크다는 것은 이에 따른 행동을 수행하는 것이 어렵지 않다는 것이므로 실현하기 어려운 행동을 제시하는 것은 행동을 이끌어내는 데 불리하다.
ㄴ. (○) 갑은 광고를 보고 건강 상실의 가능성을 의도적으로 무시하는 감정적 반응을 보이고 있다. 감정적 반응은 위협이 크고 효능감이 작을 때 나타난다. 따라서 건강 기능 식품 광고가 주는 위험인 건강의 상실은 갑에게 위협이 크다.
ㄷ. (○) 을과 병이 서로 다른 반응을 드러낸다는 것은 두 사람이 느끼는 위협은 크고 효능감은 달라 각각 인지적 반응과 감정적 반응을 보인다는 것이다.

26. 정답 ⑤
선택지 해설
ㄱ. (○) A가 진입하지 않고 B가 생산량을 늘린 경우 A의 이익은 0 B의 이익은 20이다. 이때, A가 진입하는 것으로 선택을 바꾸면 5의 손해를 입게 되고, B가 생산량을 유지하는 것으로 선택을 바꾸면 15의 이익을 얻게 되어 A와 B 모두 선택을 바꿀 유인이 없다. 따라서 이는 내쉬

균형이다.
ㄴ. (○) A가 진입하는 경우 B는 생산량을 유지하는 것이, A가 진입하지 않는 경우 B는 생산량을 늘리는 것이 유리한 전략이다. 이를 전제하였을 때 A는 진입한다면 7의 이익을 얻고, 진입하지 않는다면 0의 이익을 얻는다. 따라서 A는 진입하고 B는 생산량을 유지하는 전략을 취할 것이며 이는 완전 균형이다.
ㄷ. (○) B가 전략 선택권을 포기하고 무조건 생산량을 늘리는 것으로 대응한다면 A는 진입하는 경우 5의 손해를, 진입하지 않는 경우 0의 이익을 얻으므로 A는 진입하지 않는 것이 유리하다. B는 이를 통해 ㄴ의 완전 균형에서 얻을 수 있는 이익인 7보다 20이라는 더 큰 이익을 얻을 수 있다.

27. 정답 ③

선택지 해설

ㄱ. (○) 보험 회사는 가입자가 포기한 기대 이익으로부터 수익을 얻는데, 가입자에게 유리한 보험은 오히려 가입자의 기대 이익이 커지므로 보험 회사는 수익을 얻을 수 없다. 따라서 가입자에게 유리한 보험은 계속 유지될 수 없다.
ㄴ. (○) 보험요율이 사고 확률보다 높다는 것은 (보험요율)×(보험금), 즉 보험료가 (사고 확률)×(보험금)보다 높다는 것이고 이는 $pK-I<0$임을 의미한다. 따라서 이러한 보험은 가입자에게 불리한 보험이다.
ㄷ. (×) 정부가 강제 가입 제도를 실시하는 것은 질병에 걸릴 확률이 높은 사람만 보험에 가입하는 역선택을 방지하기 위한 것이다.

28. 정답 ①

선택지 해설

ㄱ. (○) A가 X, Y, Z 순으로, B가 Y, Z, X 순으로, C가 Z, Y, X 순으로 선호한다면 X와 Y 비교 시 Y가 선호되고, X와 Z 비교 시 Z가 선호되고, Y와 Z 비교 시 Y가 더 선호되므로 Y, Z, X의 순서대로 선호되는 이행성이 만족되어 콩도르세의 역설이 발생하지 않는다.
ㄴ. (×) A는 X가 선택되도록 하기 위해서 Y와 Z를 먼저 비교한 후(Y 승리), X와 Y를 비교하여 X가 최종 선택되도록 해야 한다.
ㄷ. (×) ㄱ 보기와 같은 상황에서는 어떤 의안 순서를 설정하든지 Y가 최종 선택되므로 X나 Z를 선호하는 사람이 자신이 원하는 결과를 만들어낼 수는 없다.

29. 정답 ②

선택지 해설

ㄱ. (×) B는 작품에서 직접 관찰되는 것은 내부적 속성뿐인데, 복제품도 동일한 내부적 속성을 지니므로 복제품을 보면서도 동일한 미적 경험을 할 수 있다고 주장할 뿐 외부적 속성이 예술적 가치에 영향을 미치지 않는다고 주장하지는 않는다.
ㄴ. (○) B는 원작과 복제품이 동일한 예술적 가치를 지닌다고 주장하고, C는 복제품 나름대로의 외부적 속성을 지녀 복제품 나름의 예술적 가치를 지닌다고 주장하므로 원작과 동일한 예술적 가치를 지닌다는 것에 동의하지는 않는다.
ㄷ. (×) C는 복제품의 예술적 가치는 원작의 외부적 속성을 재현하는 것이 아니라 나름대로의 외부적 속성을 지니고 이것이 원작 작가의 의도와 합치될 때 생긴다고 주장한다.

30. 정답 ③

핵심정보

집단 1과 2는 볼펜을 이로 물어 긍정적 감정을, 집단 3과 4는 볼펜을 입술로 물어 부정적 감정을 가진다. 집단 1, 3에게는 긍정적 단어를, 집단 2, 4에게는 부정적 단어를 제시하였다. 따라서 집단 1은 긍정 감정+동일 단어, 집단 2는 긍정 감정+상이 단어, 집단 3은 부정 감정+상이 단어, 집단 4는 부정 감정+동일 단어가 주어지게 된다.

선택지 해설

ㄱ. (○) A는 긍정 감정인 경우 더 기억률이 높다고 예측하므로 집단 1이 집단 4보다 기억률이 높을 것으로 예측한다.
ㄴ. (○) A는 긍정 감정인 경우 더 기억률이 높다고 예측하므로 1, 2가 3보다 기억률이 높을 것으로 예측하고 1, 2 사이에서는 예측을 제공하지 않는다. B는 동일 감정 단어인 경우 더 기억률이 높다고 예측하므로 1이 2, 3보다 기억률이 높을 것으로 예측하고 2, 3 사이에서는 예측을 제공하지 않는다. 따라서 기억률이 집단 1 > 집단 2 > 집단 3인 것은 A와 B를 모두 강화한다.
ㄷ. (×) 얼굴 피드백 가설이 거짓이라면 집단 2와 집단 4는 감정 상태의 차이 없이 동일한 단어를 암기한 것이다. B는 감정 상태와 단어가 관계를 가지는 경우에 대한 가설이므로, 이 실험 결과는 B를 약화하지 않는다.

31. 정답 ⑤

선택지 해설

ㄱ. (○) B국은 밀을 양털보다 4/6≒0.67배의 효율로 생산하고, D국은 밀을 양털보다 4/8=0.5배의 효율로 생산한다. 따라서 B국은 D국과 무역 시 밀에 비교우위가 있다.
ㄴ. (○) A국은 밀에 투입하는 노동 중 8을 양털에 투입하면, 즉 밀 2단위를 포기하면 양털 1단위를 스스로 얻을 수 있다. 따라서 무역 상대방이 밀 3단위를 요구할 경우 이를 수용하지 않는다.
ㄷ. (○) C국은 밀을 양털보다 2/1=2배의 효율로 생산한다. E국이 C국에 비해 밀에 비교우위가 있으려면 양의 2배를 넘는 효율로 밀을 생산해야 하는데 이를 위해서는 양 한 단위 생산에 필요한 노동이 3×2=6을 넘어서야 한다. 그런데 D국은 양털 한 단위 생산에 4의 노동이 필요하므로 D국이 E국에 대해 양털에 절대우위가 있다.

32. 정답 ④

선택지 해설

ㄱ. (×) 지니 계수와 팔마 비율 모두 소득 분배가 평등할수록 작은 값을 나타낸다. 완전히 평등한 경우 로렌츠 곡선이 완전균등선과 같아지므로 지니 계수는 0이 된다. 팔마 비율의 경우 완전 평등 시 소득 상위 10퍼센트의 소득 점유율이 10퍼센트이고 소득 하위 40퍼센트의 소득 점유율이 40퍼센트가 될 것이므로 0.25의 값을 갖는다.
ㄴ. (○) 로렌츠 곡선이 원점과 (1, 1)을 제외하고 교차하지 않는다는 것은 한 국가의 로렌츠 곡선이 다른 국가의 로렌츠 곡선의 아래에 항상 위치한다는 것을 말하고, 이는 완전균등선과 로렌츠 곡선 사이의 넓이가 반드시 다르다는 것을 말한다. 따라서 지니 계수도 반드시 다르다.
ㄷ. (○) 소득 상위 60퍼센트의 소득 점유율이 일정하다는 것은 소득 하위 40퍼센트의 소득 점유율이 일정하다는 것을 말한다. 따라서 팔마 비율인 (소득 상위 10퍼센트의 소득 점유율) / (소득 하위 40퍼센트의 소득 점유율)은 반드시 증가한다.

33. 정답 ⑤

핵심정보

을의 바구니에 빨간색 과일이 없으므로 빨간색 과일은 갑과 병의 바구니에 들어가야 한다. 그런데 빨간색이 아닌 과일이 갑과 병의 바구니에 이미 두 개씩 들어가 있으므로, 빨간색 과일 네 가지는 두 가지씩 갑과 병의 바구니에 들어간다(병의 바구니는 반드시 딸기 포함). 따라서 갑의 바구니는 (빨강, 빨강, 노랑, 노랑), 병의 바구니는 (빨강, 딸기, 레몬, 메론)으로 구성된다. 그러면 아직 사용되지 않은 초록색 과일은 모두 을의 바구니에 들어가야 한다. 그러면 을의 바구니는 (청포도, 키위, ?, ?)으로 구성된다.

선택지 해설

ㄱ. (○) 을의 바구니에는 키위가 있다.

ㄴ. (○) 갑의 바구니에 사과가 없다면 병의 바구니에 사과가 있고, 갑의 바구니에는 아직 사용되지 않은 빨간색 과일인 석류와 자두가 반드시 있다.

ㄷ. (○) 을과 병의 바구니에 모두 사용된 과일이 없다면 을의 바구니에 레몬과 메론은 사용되지 않는다. 그렇다면 을의 바구니에는 망고와 바나나가 하나씩 들어가야 한다.

34. 정답 ②

핵심정보

갑이 출발한 요일과 돌아온 요일이 같으므로 1/25(토) 출발 또는 1/26(일) 출발이다. 정이 가장 먼저 출발하려면 정이 1/25(토)에 출발해야 하고 병은 1/26(일)에 출발, 2/2(일)에 돌아왔다. 병은 휴일에 출발하여 휴일에 돌아왔으므로, 남은 휴일인 2/28(화)에 출발하여야 한다. 따라서 을은 2/27(월) 출발이다.

두 사람씩 돌아온 날이 같은데, 갑이 2/2(일) 돌아왔으므로 2/2(일)에 돌아온 사람을 찾자. 을이 2/2(일)에 돌아왔다면 다녀온 일수가 7일이 되는데 이 경우 병이 반드시 다녀온 일수가 더 적어진다. 이는 을이 다녀온 일수가 가장 적다는 것과 충돌한다.

병이 2/2(일)에 돌아왔다면 다녀온 일수가 6일이 된다. 을과 정이 돌아온 날을 결정하자. 1/30(목)에 돌아온 경우, 정의 다녀온 일수가 6일이 되어 충돌한다. 1/31(금)에 돌아온 경우, 을의 다녀온 일수가 5일이고 정의 다녀온 일수가 7일이 된다(가능한 경우의 수). 2/1(토)에 돌아온 경우, 을의 다녀온 일수가 6일이 되어 충돌한다.

정이 2/2(일)에 돌아왔다면 을과 병은 같은 날 돌아왔다. 그런데 이 경우 을의 다녀온 일수가 가장 적다는 것과 충돌(을이 병보다 하루 먼저 출발하기 때문)한다.

따라서, 갑 1/26(일)~2/2(일)(8일), 을 1/27(월)~1/31(금)(5일), 병 1/28(화)~2/2(일)(6일), 정 1/25(토)~1/31(금)(7일)

선택지 해설

ㄱ. (×) 갑과 정은 각각 2/2, 1/31에 돌아왔다.

ㄴ. (○) 을은 1/27에 출발하였다.

ㄷ. (×) 병이 다녀온 일수는 6일이다.

35. 정답 ⑤

핵심정보

(i) 갑이 1번 방을 열었다면, 규칙 2 또는 규칙 3을 선택한다. 규칙 2를 골랐다면 불이 여전히 꺼져 있고, 규칙 3을 골랐다면 불이 켜진다.

(i-1) 을이 1번 방을 열고 병, 정이 2번 방을 연 경우

병의 두 번째 진술이 거짓이어야 하는데, 2번 방을 열었을 때 불이 켜져 있으므로 모순

(i-2) 병이 1번 방을 열고, 을, 정이 2번 방을 연 경우

을의 두 번째 진술은 거짓, 병, 정의 두 번째 진술은 참이 된다. 병이 1번 방을 열 때 불이 켜져 있었으므로 갑은 규칙 3을 골랐고, 최종적으로 불이 켜져 있으려면 병은 규칙 1을 골라야 한다. 정의 두 번째 진술이 참이므로 을은 규칙 2에 따라 불을 껐다. 최종적으로 불이 꺼져 있으려면 정 역시 규칙 2를 골라야 한다.

→ 각자 선택한 방 번호와 규칙 번호를 정리하면, 갑 13, 을 22, 병 11, 정 21(이하 동일하게 기재하여 정리)

(i-3) 정이 1번 방, 을, 병이 2번 방을 연 경우

을, 병, 정의 두 번째 진술은 모두 거짓이다. 정이 1번 방을 열 때 불이 꺼져 있었다면(갑 규칙 2), 정이 불을 켜야 하므로 규칙 1이나 규칙 3을 선택해야 한다. 불이 켜져 있었다면(갑 규칙 3), 정이 규칙 1을 선택해야 한다. 병이 불을 끈 것이 거짓이므로(을 진술 2 거짓), 을이 불을 꺼야 한다. 그런데 을이 규칙 2를 고른 것이 거짓이므로(정 진술 2 거짓), 을은 규칙 3을 골랐다. 병은 규칙 2를 골랐다.

→ 갑 12, 을 23, 병 22, 정1(1or3) 또는 갑 13, 을 23, 병 22, 정 11

(ii) 갑이 2번 방을 연 경우, 갑이 규칙 1을 골랐으므로 2번 방의 불은 여전히 켜져 있다.

(ii-1) 을이 2번 방, 병, 정이 1번 방을 연 경우

병의 두 번째 진술이 참이어야 하는데, 1번 방을 열었을 때 불이 꺼져 있으므로 모순

(ii-2) 병이 2번 방, 을, 정이 1번 방을 연 경우

병의 두 번째 진술이 거짓이어야 하는데, 2번 방을 열었을 때 불이 켜져 있으므로 모순

(ii-3) 정이 2번 방, 을, 병이 1번 방을 연 경우

을, 병, 정의 두 번째 진술이 모두 참. 을은 규칙 2를 골랐으므로(정 진술 2 참) 1번 방의 불은 여전히 꺼져 있다. 그러면 병이 문을 열 때 불이 꺼져 있으므로 이는 병의 두 번째 진술과 모순

선택지 해설

ㄱ. (○) 갑이 2번 방을 연 경우는 모두 모순이 발생한다.

ㄴ. (○) 을은 (i-2)든 (i-3)이든 2번 방을 열어서 불을 끈다.

ㄷ. (○) 규칙 1을 고른 사람이 없는 경우는 (i-3)에서 갑 12, 을 23, 병 22, 정 13을 고른 경우이다. 이때 갑은 1번 방의 불을 그대로 두고, 정이 1번 방의 불을 켠다.

36. 정답 ③

선택지 해설

ㄱ. (○) 세포막에 결합하여 위치한 단백질은 소수성 서열인 막관통 서열을 갖는다. 즉, 소수성 서열에 없다면 세포막에 결합하여 위치한 단백질이 아니다.

ㄴ. (○) 단백질의 전 부분이 위상적으로 다른 성질을 지닌 곳으로 이동한 적이 없다면, 세포질에서 사용되는 단백질이고 이는 유리 리보솜, 즉 세포질을 떠다니는 리보솜에서 만들어진다.

ㄷ. (×) 소포체에서 골지체 이동 시 한 번, 골지체에서 세포 외부 이동 시 한 번 총 두 번으로 충분하다.

37. 정답 ①

선택지 해설

ㄱ. (○) 위도 30도 부근은 하강 기류가, 위도 60도 부근은 상승 기류가 발생한다. 따라서 위도 30도 부근이 위도 60도 부근보다 맑다.

ㄴ. (×) 지구의 자전 방향과 관계없이 적도의 상승 기류와 위도 30도의 하강 기류에 따라 저위도에서는 극지방에서 적도 방향으로 바람이 분다.

ㄷ. (×) 남반구의 중위도에서는 적도에서 남극 방향, 즉 북쪽에서 남쪽으로 공기 흐름이 발생하는데, 전향력에 의해 왼쪽으로 힘을 받는다. 그러므로 북서쪽에서 남동쪽으로 부는 북서풍이 분다. 저위도와 고위도에서는 남쪽에서 북쪽으로 가는 공기 흐름이 왼쪽으로 힘을 받아 남동쪽에서 북서쪽으로 부는 남동풍이 분다.

38. 정답 ②

선택지 해설

ㄱ. (×) c는 S_{35}를 넣고 배양한 박테리오파지를 감염시킨 후 원심분리하여 상층부를 추출한 것이다. 여기서 방사성이 나타났다는 것은 S_{35}를 가진 단백질은 박테리오파지 안으로 들어가지 못하고 분리되었음을 의미한다. 따라서 이는 단백질이 유전 물질이 아니라는 가설을 강화한다.

ㄴ. (×) d는 S_{35}를 넣고 배양한 박테리오파지를 감염시킨 후 원심분리하여 하층부를 추출한 것이다. 여기서 방사성이 나타났다는 것은 S_{35}를 가진 단백질이 박테리오파지 안으로 들어갔음을 의미한다. 따라서 이는 단백질이 유전 물질이 아니라는 가설을 약화한다.

ㄷ. (○) 박테리아로 들어갔던 DNA는 새로운 박테리오파지로 재생된 후 박테리아를 부수고 나온다. 일부 박테리아가 파괴되었다면, P_{32}를 포함한 DNA 중 일부는 여전히 박테리아 속에, 일부는 재생산되어 박테리아를 부수고 나온 박테리오파지 속에 존재한다. 이때 a와 b 모두에서 방사성이 나타날 수 있다.

39. 정답 ①

선택지 해설

ㄱ. (○) 극상을 이루는 나무는 음수로, 양수에 비해 광포화점이 낮다.

ㄴ. (×) 양수림 아래에서 자라나는 묘목은 빛을 잘 받지 못하므로 광보상점이 낮은 음수가 더 잘 자란다. 묘목 중 음수의 비중이 높기 때문에 양수림은 혼합림을 거쳐 점차 음수림으로 변하게 된다.

ㄷ. (×) 광보상점은 호흡량과 광합성량이 같아지는 수준의 광량이다. 즉 광보상점 아래에서도 광합성을 하지만 호흡량에 미치지 못할 뿐이다.

40. 정답 ④

선택지 해설

ㄱ. (×) 연주시차가 1초인 별을 1파섹 떨어져 있으므로 10파섹 떨어져 있을 때의 밝기인 절대 밝기보다 겉보기 밝기가 10의 제곱, 즉 100배 밝다.

ㄴ. (○) 두 별의 연주시차가 같다는 것은 별까지의 거리가 같다는 것이다. 그렇다면 거리와 절대 밝기가 모두 같은 것이므로 겉보기 밝기도 같다.

ㄷ. (○) 변광 주기가 긴 별은 절대 밝기가 더 밝다. 그런데 두 별의 겉보기 밝기가 같다면 절대 밝기가 밝은 별이 더 멀리 떨어져 있다. 즉, 변광 주기가 긴 별이 더 멀리 떨어져 있다.

PSAT-LEET 기출스토어

기출문제 그대로 재현한 실제 시험지 형태
PSAT부터 LEET까지, 합격의 첫걸음!

☆ 주소창에 smartstore.naver.com/booktion 입력하고 접속!

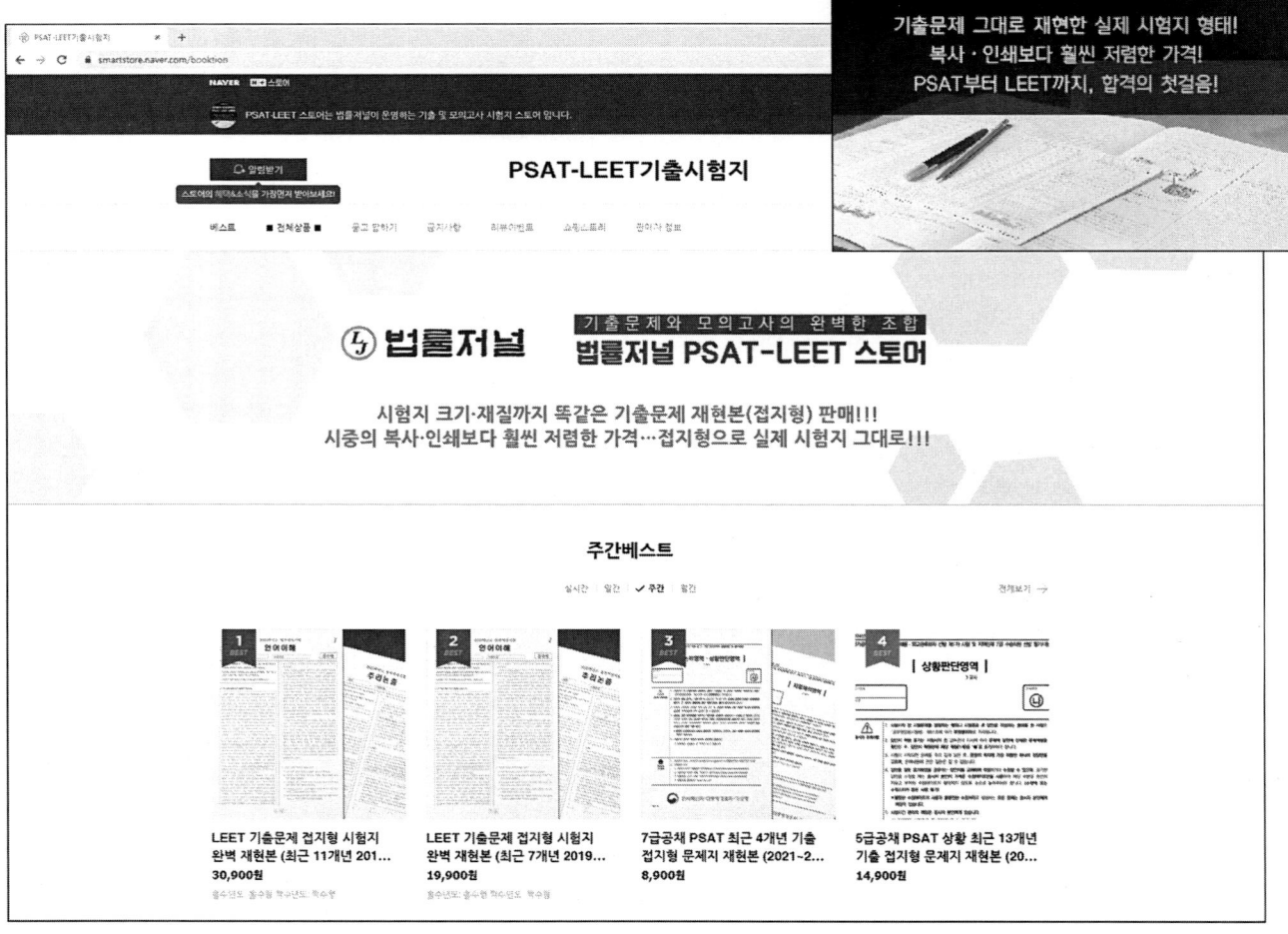